杨 计 明 教 研 志

问题导学法

WENTI DAOXUEFA

（第 2 版）

杨计明◎编著

广东高等教育出版社
Guangdong Higher Education Press
·广州·

图书在版编目(CIP)数据

问题导学法/杨计明编著. —2版. —广州：广东高等教育出版社，2018.11（2020.9重印）
（杨计明教研志）
ISBN 978-7-5361-6301-0

Ⅰ. ①问… Ⅱ. ①杨… Ⅲ. ①生物课-教学研究-中小学 Ⅳ. ①G633.912

中国版本图书馆CIP数据核字（2018）第227119号

出版发行	广东高等教育出版社
	地址：广州市天河区林和西横路
	邮编：510500　营销电话：（020）87553735
	网址：http://www.gdgjs.com.cn
印　刷	广东海洋印刷有限公司
开　本	787 mm×1 092 mm　1/16
印　张	11.75
字　数	216千
版　次	2017年11月第1版　2018年11月第2版
印　次	2020年9月第2版第4次印刷，累计第5次印刷
定　价	42.00元

作者简介

杨计明，广东省教育研究院教学教材研究室教研员、编审（正高级三级）、中学生物高级教师、国家级骨干教师。曾任广东省基础教育学科教学指导委员会专家、广东省普通高中教学水平评估专家、华南师范大学教育硕士兼职导师、广东省生物科学普及协会副理事长、广东教育学会常务理事、中国教育学会生物学教学专业委员会常务理事、广东教育学会中学生物教学专业委员会理事长等。

主要研究领域：基础教育生物课程、教材、教学、评价研究。从事生物教育研究30多年，主持省级以上研究课题6项，主持并荣获国家级和省级教学成果奖2项，编著出版学术研究著作5部，主编出版生物教材教辅数十种，独立撰写并发表生物教研论文20多篇等。

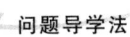

内 容 提 要

　　本书是广东省中小学教学研究"十二五"规划课题"生物学'问题导学法'教学研究"的研究成果,总课题主持人为广东省教育研究院教研室生物教研员杨计明。总课题组经过2005—2011年共6年研究准备工作和2011—2017年共6年研究实施工作,首创了"系统优化"生物教学活动的理论框架,创建了"基于问题、师导生学"教学的实践模型,"问题导学法"实证研究和行动研究已经深入课堂,"问题导学法"理论框架和实践模型值得推广应用。"问题导学法"促进了教师专业发展和生物课堂教学,深化了生物教学"5创—2促—1提"理性逻辑。

　　"问题导学法"作为优化中学生物课堂教学活动"探究性学习—问题导学法—创造性教学"金三角的核心内容之一,该阶段性研究成果于2014年荣获首届国家级教学成果奖。

　　《问题导学法》的理论概括和实践总结,总体上有助于生物教师把握生物教育的精髓,细节上有助于生物教师升华生物教学的灵魂。本书适宜作为生物教师教学、师范学生学习、生物教育科研、继续教育培训等参考用书。

总　序

一、简要回顾我国基础教育教研制度

1949年中华人民共和国成立以来，我国基础教育教研制度经过70年的发展，逐步建立起了省（自治区、直辖市）、地级市、县（区、县级市）、校多级教研网络体系，承担起了开展教学研究、指导、服务和管理，提高中小学教育教学质量，为教育行政部门决策提供依据和参考的职责，并培育了一支既具有丰富教学经验，又具有指导教学、从事教育教学科研能力的教研员队伍，形成了具有中国特色的基础教育教学研究制度。

我国教研制度的中国特色在于教研部门不是教育行政部门，而是在教育行政部门的领导下开展学校教育教学的研究，帮助、指导一线教师研究教学策略，改善教学方法，提高课堂教学质量。

在各级教研部门中，专职承担教研工作的教学研究员（以下简称教研员）承担着研究、指导、服务和管理的职能，是最贴近中小学教育教学实际、最了解中小学教育教学真实情况的教学研究者。他们一方面为教师服务，另一方面在教育行政部门与一线教师的联系和沟通中发挥作用，为教育行政部门提供信息和参考建议。教育行政部门的教育教学政策和方针经常通过教研员传达给广大一线教师，同时，教研员将最鲜活的课程改革信息、最先进的教育理论动态及时传递给一线教师。因此，教研员队伍的存在和建设尤为重要。

2017年广东省教育研究院在北京师范大学举办广东省基础教育教研员能力提升高级研修班，笔者有幸得以学习北京师范大学研究员梁威等著的《撬动中国基础教育的支点——中国特色教研制度发展研究》[①]，该书由中国教育学会原会长顾明远作序。该书作者梁威主持了全国教育科学"十一五"规划2007年度教育部重点课题"我国基础教育教学研究制度变革及教研员专业发展研究"。在众多教育史、教育志等书籍中，关于教研制度（包括教研机构、文件、人员等）的记录甚少，特别是从教育史角度全面进行的研究还很鲜见。该课题研究在研究了大量文献资料的基础上，积累了丰富的一手资

---

① 梁威. 撬动中国基础教育的支点：中国特色教研制度发展研究［M］. 北京：教育科学出版社，2011.

料，收集了我国 31 个省（市、自治区）①教研机构的资料，这些资料不仅反映各地教研制度及教研员的情况，更重要的是有助于我们更好地认识和了解中国特色的教研制度在我国基础教育发展中的地位和作用。

梁威的课题研究成果《撬动中国基础教育的支点——中国特色教研制度发展研究》把 20 世纪 60 年中国特色教研制度的发展历程大致划分为以下 6 个时期："初创期（1949—1956）——从无到有；发展期（1957—1965）——逐步完善；挫折期（1966—1976）——陷入低谷；恢复期（1977—1984）——重整旗鼓；规范期（1985—1999）——壮大繁荣；完善期（2000—2009）——转型创新"，并归纳出我国基础教育教研制度的发展特点：①我国教研制度的创立是为了适应当时我国中小学教育发展需求，并借鉴了苏联的经验，是在研究、指导解决我国中小学教育教学问题的过程中不断完善和发展起来的，是中国特色社会主义教学管理制度的重要组成部分；②我国教研制度是随着我国基础教育变革和中小学课程教材教学的不断发展而发展的，已成为保证课程教材教学改革、提高教育教学质量和教师专业发展的核心支撑力量；③我国教研制度已形成了一套比较成熟且行之有效的省、市、县、校多级教研体系，造就了一支教学经验丰富、学术造诣较深、管理指导能力较强的教研员队伍；④我国教研制度始终是在应对基层学校教学工作需要的过程中建立与发展起来的，紧密地为中小学的课堂教学服务是我国教研制度的重要特征。

改革开放初期，省级教研组织的机构设置主要有三种形式：一是单独设置，如上海市、天津市、江苏省、广东省、山东省、山西省等；二是隶属于教育学院，作为教育学院专职的研究管理部门，如北京市、黑龙江省、吉林省、辽宁省等；三是与教育科学研究部门整合，如与教科院、教科所等合二为一，成为教科院或教科所职能的一部分，如四川省、安徽省等。虽然各地教研组织机构的设置形式不同，但其工作权威性都较高，是各地教育行政部门依托的主要业务力量，教研组织的职能定位主要是中小学课程、教材、教学、评价四大领域。2001 年，教育部在《基础教育课程改革纲要（试行）》中将教研组织确定为课程改革的支撑力量，要求"各中小学教研机构要把基础教育课程改革作为中心工作，充分发挥教学研究、指导和服务等作用"。

纵观基础教育教学研究制度 70 年的发展历程，在各个历史时期，各级教研组织及多级教研网络在基础教育建设和发展中都发挥了不可替代的作用。教研体系起到了管理和组织教学研究、支持和指导课堂教学、适应和推

---

① 香港、澳门、台湾三地除外。

进课程改革、稳定和保障教学秩序的重要作用，教研组织成为推动我国基础教育教学发展的中坚力量。教研体系已经形成了成熟、有效的工作运行机制和管理模式，具有独特的教研工作范式，并逐步构建起开放、民主、和谐的教研文化。

二、扼要梳理笔者的中学生物教研历程

笔者在中国特色基础教育教研制度的大背景下，开启了 21 世纪中学生物教研之路。

1987 年，笔者从华南师范大学毕业后直接到华南师范大学附属中学从事中学生物教学工作。至 2004 年，在华南师范大学附属中学从事中学生物教学工作的 17 年，为笔者在广东省教研员工作岗位从事中学生物教研工作打下了坚实的基础。在华南师范大学附属中学，笔者从事初中生物教学、高中生物教学，开展生物科技活动，管理生物园，建设植物组织培养室，开展课题研究、高考生物教学、青少年科技创新大赛辅导、生物学奥林匹克竞赛辅导、"两跨"（跨太平洋绿色行动、教育部跨世纪园丁工程中小学骨干教师国家级培训）等工作。华南师范大学学习的学风、华南师范大学附属中学任教的教风、华东师范大学国家级培训的研风，这些笔者曾经学习、工作、培训过的机构的"学风、教风、研风"对笔者后来从事中学生物教研工作，聚焦"课题、课堂、课程"三课重点内容，落实"研究、指导、服务"三大核心职能，影响深远。

2004 年，笔者从华南师范大学附属中学调到广东省教育厅教育教学研究室、教材研究室（2011 年在广东省教育厅教育教学研究室、教材研究室等基础上组建广东省教育研究院。）从事中学生物教研工作，至今已达 15 年。

笔者以教研机构的"研究、指导、服务"三大核心职能和教研聚焦"课题、课堂、课程"三课重点内容来建构"杨计明教研志"三卷：课题研究卷、课堂教学卷、课程教研卷，形成了"杨计明教研志"——"一志、三卷、五册"的基本结构框架和重点内容体系，具体如下：

"杨计明教研志"
- 课题研究卷
  - 《创造性教学（2 版）》
  - 《问题导学法（2 版）》
- 课堂教学卷
  - 《生物学教与学（初中）》
  - 《生物学教与学（高中）》
- 课程教研卷：《生物教育研究》

三、"杨计明教研志"

"杨计明教研志"并非一蹴而就。本丛书围绕"研究、指导、服务"中学生物教学陆续创作而成。《创造性教学》《问题导学法》《生物教育研究》三册陆续由广东高等教育出版社于 2009、2017、2018 年出版；《义务教育新课程生物教与学》《普通高中新课程生物教与学》两本书于 2009 年由北京师范大学出版社出版。随着《义务教育生物学课程标准（2011 年版）》《普通高中生物学课程标准（2017 年版）》的颁布，笔者对《义务教育新课程生物教与学》《普通高中新课程生物教与学》进行了修订，并改书名为《生物学教与学（初中）》《生物学教与学（高中）》。《创造性教学》《问题导学法》《生物学教与学（初中）》《生物学教与学（高中）》四本书是笔者主持并荣获 2014 年首届国家级教学成果奖"广东省中学生物新课程实施中优化课堂教学活动的研究与实践"的核心成果，《生物教育研究》一书是笔者整理教研 15 年来的成果得到的代表性著作。

杨计明

2019 年 3 月

前　言

　　《问题导学法》一书是根据广东省教育厅广东省中小学教学研究"十二五"规划课题"生物学'问题导学法'教学研究"的研究成果创作而成的。总课题主持人为广东省教育研究院教研室生物教研员杨计明，总课题在申报21项子课题中立项10个（见表1），由广东省深圳市、揭阳市、韶关市、阳江市4个地级市的生物教研员和深圳市第三高级中学、肇庆市高要区第二中学的生物教师组成的课题核心成员精心参与了该课题的样本点上的研究，广东省21个地级市及顺德区、省属中学的部分一线生物教师踊跃参与了该课题的总体面上的研究。

表1　子课题

序号	课题名称	主持人	主持人所在单位
1	生物学"问题导学法"理论模型和实践模式的建构与实施	颜培辉	广东省深圳市教育科学研究院
2	生物学"问题导学法"教学模式的实践与研究	詹荣华	广东省揭阳市教育局教研室
3	高中生物教材内容类型与创设"问题"的理论模型建构与实施	沈红英	广东省佛山市顺德区李兆基中学
4	生物学"问题导学法"中创设"问题"的教学研究	梁志荣	广东省韶关市教育局教研室
5	中学生物教学中"问题"的创设及解决策略	李程祯	广东省阳江市教育局教研室
6	生物学"问题导学法"中创设"问题"的教学研究	刘桦	广东省华南师范大学附属中学
7	生物学"问题导学法"中创设"问题"的教学研究	盛保营	广东省佛山市顺德区容山中学
8	中学生物学"问题导学法"教学中如何创设问题提高学生能力的实践与研究	林本红	广东省惠州市教育局教研室

续上表

序号	课题名称	主持人	主持人所在单位
9	生物学"问题导学法"中"导"与"学"的理论与实践研究	何惠文	广东省深圳市第三高级中学
10	高中生物教学基于"问题导学法"的导学设计与应用研究	张 勇	广东省肇庆市高要区第二中学

一、课题研究大事记

2011年5月30日,杨计明申报的"生物学'问题导学法'教学研究"课题被广东省教育厅批准立项为广东省中小学教学研究"十二五"规划课题。

2011年10月12—14日,广东省中学生物学教学研讨会在深圳市华侨城中学召开,课题主持人杨计明在会上做了广东省中小学教学研究"十二五"规划课题"生物学'问题导学法'教学研究"开题报告,10个子课题主持人也分别在会上做了相关子课题的开题报告,深圳市所有中学生物特级教师都参与了课题实施方案的研讨。

2012年11月7—9日,2012年广东省中学生物学教学研讨会在珠海市紫荆中学召开,研讨了广东省中小学教学研究"十二五"规划课题"生物学'问题导学法'教学研究",揭阳市教育局和深圳市第三高级中学的代表分别做了课题研究进展报告,会上还进行了相关论文的评选、宣读与交流。

2012—2014年,课题主持人杨计明作为广东省教育研究院主办的《广东教学研究》的责任编辑,编选发表了"生物学'问题导学法'教学研究"系列论文。

2013—2015年,各子课题不定期实施中期报告和研讨交流。

2015年11月4—6日,课题主持人杨计明在深圳市宝安中学主持召开了广东教育学会中学生物教学专业委员会学术年会,广东省21个地级市的学校、华南师范大学附属中学和广东实验中学各优选1节课例,进行了以"问题导学　高效课堂"为主题的中学生物教学现场课例展示。

2017年7月9—11日,广东省中学生物教学研讨会在广州市越秀区金城宾馆召开,课题主持人杨计明在会上做了广东省中小学教学研究"十二五"规划课题"生物学'问题导学法'教学研究"结题报告。

二、课题研究成果

阶段性成果包括《广东省中学生物教学成果精品（2015）》《广东省中学生物教学成果精品（2016）》，由广东音像教材出版社出版。

最终成果《问题导学法》第 1 版于 2017 年由广东高等教育出版社出版，在第 1 版的基础上，笔者进行了修订并于 2018 年出版第 2 版。

三、《问题导学法》第 2 版

提高中学生物教学质量，迫切需要促进教师专业发展，迫切需要促进生物课堂教学。

问题导学法是培养学生科学思维能力的重要教学策略，科学思维以提出问题、分析问题和解决问题为核心。在中学生物教学中，实施问题导学法是促进教师专业发展、优化生物课堂教学活动、发展学生学科核心素养、提高中学生物教学质量的主要途径。

本书在"总论篇"中完善了"问题导学法"核心概念，形成了"问题导学法"核心概念图。"问题导学法"核心概念和"问题导学法"核心概念图构成了"问题导学法"的内涵实质。

本书在"分论篇"中，综观总课题指导点面研究，从课题组样本点上研究的 10 个子课题和广东省总体面上研究的论文与课例中精选了问题导学法的部分研究实例来展示。本书按照"问题导学法：教学建模""问题导学法：基于问题""问题导学法：师导生学"三部分对样本点上的 10 个子课题进行了展开论述。同时，按照"问题导学法"开展研究的关键词——问题、导学、应用、效果的顺序分述展示了总体面上研究论文与课例。

杨计明
2019 年 3 月

目 录

绪 论 ·· 1

第一篇 问题导学法：总论 ··· 5
　　生物学"问题导学法"教学研究 ····························· 7

第二篇 问题导学法：分论 ··· 27
　　第一章　问题导学法：教学建模 ························· 29
　　第二章　问题导学法：基于问题 ························· 47
　　第三章　问题导学法：师导生学 ························· 69
　　第四章　问题导学法：过程结果 ························· 87
　　第五章　问题导学法：高效课堂 ························· 142

参考文献 ·· 167

附　录 ·· 172
　　1. 研究课题的立项通知 ································· 172
　　2. 研究课题的结题证书 ································· 173

绪　　论

　　提高中学生物教学质量，迫切需要促进教师专业发展，迫切需要促进生物课堂教学。

　　问题导学法是培养学生科学思维能力的重要教学策略，科学思维以提出问题、分析问题和解决问题为核心，发展素质教育，在中学生物教学中，实施问题导学法是促进教师专业发展、优化生物课堂教学活动、发展学生学科核心素养、提高中学生物教学质量的主要途径。

一、问题导学法的背景

　　广东省中小学教学研究"十二五"规划课题"生物学'问题导学法'教学研究"，总课题主持人为广东省教育研究院教研室生物教研员杨计明，总课题组经过2005—2011年共6年研究准备工作和2011—2017年共6年研究实施工作，首创了"系统优化"生物教学活动的理论框架，创建了"基于问题、师导生学"教学的实践模型，"问题导学法"实证研究和行动研究已经深入课堂，"问题导学法"理论框架和实践模型值得推广应用，"问题导学法"促进了教师专业发展，"问题导学法"促进了生物课堂教学，"问题导学法"深化了生物教学"5创-2促-1提"理性逻辑。

　　"问题导学法"作为优化中学生物课堂教学活动"探究性学习-问题导学法-创造性教学"金三角的核心内容之一，该阶段性研究成果2014年荣获首届国家级教学成果奖。

二、问题导学法的内涵

　　在"问题导学法：总论"中，完善了"问题导学法"核心概念，形成了"问题导学法"核心概念图。"问题导学法"核心概念和"问题导学法"核心概念图构成了"问题导学法"的内涵实质。

（一）问题导学法的核心概念

　　总课题实施思辨研究、行动研究和实证研究，课题研究后完善了"问题导学法"核心概念"在系统科学理论、建构主义理论、多元智力理论指导下，把教学内容转化为有价值的、值得探究的、有多种解决方法的生命科学问题，在教师的引导、疏导、辅导下，创造条件让学生自主、探究、合作学习。"

优化运用问题导学法,"问题"是基础,"导"是关键,"学"是核心。

问题:提出问题、分析问题、解决问题。它是教学的出发点和归宿。

导:引导、疏导、辅导。它是问题与学的桥梁和中介。

学:自主、合作、探究学习。它注重学习的过程(学习)和结果(学生)。

法:(宏观)模型——模式——策略——方法(微观)。

就问题而言,问题应该是有思考价值的,学生能够提出多种解决的方法,学生对问题提出的检验假设在现有条件下通过集体的努力能够得到解决。

就导学而言,教师的"导"要通过学生的"学"来实施,学生的"学"要依靠教师的"导"来进行。

就方法而言,教师是学生学习方向的引导者,学习方法的疏导者,学习内容的辅导者;而学生则应通过"自主、探究、合作"的方式进行学习。

(二)问题导学法的核心概念图

总课题实施思辨研究、行动研究和实证研究,课题研究后形成了"问题导学法"核心概念图。

"问题导学法"与课程理念、教学要素核心概念如图1所示。

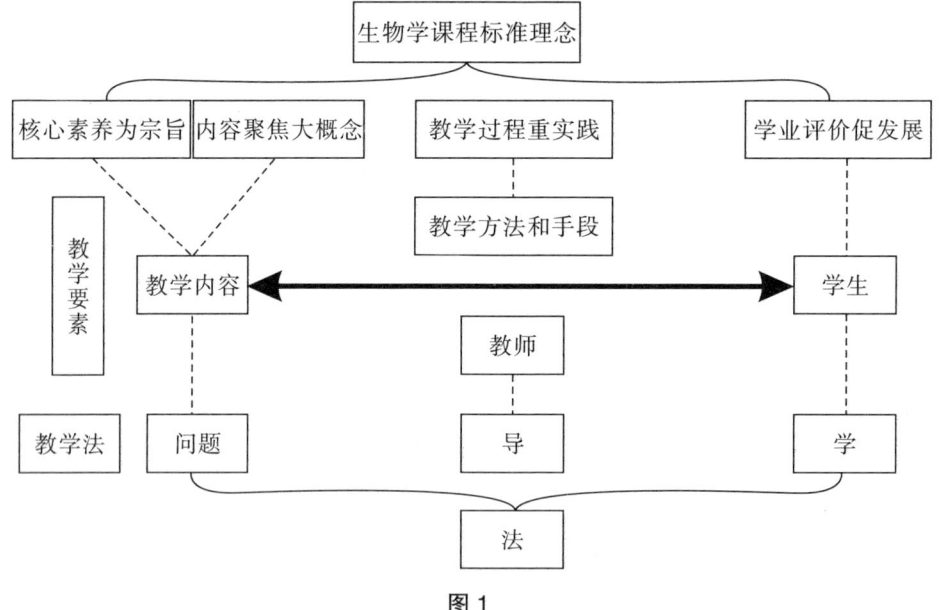

图1

三、问题导学法的实例

在"问题导学法:分论"中,综观总课题指导点面研究,从课题组样本点上研究10个子课题和广东省总体面上研究论文与课例中精选了问题导学法的部分研究实例来展示。

（一）问题导学法：教学建模

子课题"模式类"研究实例：

实例1. 生物学"问题导学法"理论模型和实践模式的建构与实施（广东省深圳市教育科学研究院）

实例2. 生物学"问题导学法"教学模式的实践与研究（广东省揭阳市教育局教研室）

（二）问题导学法：基于问题

子课题"问题类"研究实例：

实例1. 生物学"问题导学法"中创设"问题"的教学研究（广东省韶关市教育局教研室）

实例2. 中学生物教学中问题的创设及解决策略（广东省阳江市教育局教研室）

（三）问题导学法：师导生学

子课题"导学类"研究实例：

实例1. 生物学"问题导学法"中"导"与"学"的理论与实践研究（广东省深圳市第三高级中学）

实例2. 高中生物教学基于"问题导学法"的"导学"设计与应用研究（广东省肇庆市高要市二中）

（四）问题导学法：过程结果

按照"问题导学法"开展研究论文的关键词问题（实例1~5）、导学（实例6~8）、应用（实例9~11）、效果（实例12）为顺序来分述展示。

实例1. 创设问题情境 培养学生思维能力（广东省阳江市阳西县第一中学郑素梅）

实例2. 如何在"问题导学法"教学模式中创设问题（广东省佛山市顺德区李兆基中学辛小兵）

实例3. 用"问题导学法"上生物课要合理设置问题（广东省韶关市武江区广东北江实验学校陈国英）

实例4. "问题导学法"中伪问题的类型与对策（广东省佛山市南海区桂城中学戴 燕）

实例5. 掌控生物课堂"提问"时机，提升生物教学"提问"效率（广东省佛山市顺德区乐从镇乐从中学关永韶）

实例6. 如何"导"学生才"学"（广东省中山市东升镇高级中学冼 省）

实例 7. 基于"问题导学法"培养学生自我导学的探究（广东省珠海市实验中学陈卫秀）

实例 8. 生物教学中基于英特尔未来教育理念的"问题导学"（广东省东莞市东莞中学初中部肖小亮）

实例 9. 浅谈合作学习与"问题导学法"的有效整合（广东省韶关市第九中学黄昌盛）

实例 10. "问题导学法"在植物生长素的发现教学中的应用（广东省汕头市第一中学袁 博）

实例 11. "问题导学法"在初中生物教学中的应用（广东省韶关市一中实验学校谢继生）

实例 12. "问题导学法"五步教学模式对生物课堂效果的初步分析（广东省东莞市第五高级中学李 洋）

（五）问题导学法：高效课堂

按照"问题导学法"开展"问题导学 高效课堂"研究课例：

实例 1. 探究细胞膜控制物质的进出（广东省深圳市宝安中学刘雪姣）

实例 2. 光合作用吸收二氧化碳释放氧气（广东省深圳市翠园中学初中部陈乃权）

实例 3. 探究环境因素对金鱼藻光合作用强度的影响（广东省东莞市东莞中学松山湖学校吴 丰）

实例 4. 生物组织中可溶性还原糖、脂肪、蛋白质等鉴定试验（广东省韶关市第五中学庄世均）

四、问题导学法的展望

实施探索性研究（近期研究）结题，实施推广性研究（远期研究）展开：

结合省教研室工作，将推广性的课题研究与教学研究、教研活动有机整合，以期推广应用生物学"问题导学法"理论模型和实践模式。

广东教育学会中学生物教学专业委员会学术年会单年优质课例（2015 深圳模式）展示，在广东教育学会中学生物教学专业委员会学术年会现场课例实录（教学设计 PDF、教学课件 PPT、教学课例 MP4）中优选，优质课例以"问题导学 高效课堂"为中心，中学各年级 5 节共 25 节现场课例教坛竞技（2017、2019、2021、2023、……），以"问题导学 高效课堂"为中心的优质课例精选入《广东省中学生物教学成果精品》电子出版物，形成系列，以优质课例引领促进生物课堂教学，促进教师专业发展，提高中学生物教学质量。

第一篇 问题导学法：总论

生物学"问题导学法"教学研究[①]

一、前言

（一）课题提出的背景、意义与所要解决的主要问题

1. 课题提出的背景

《国家中长期教育改革和发展规划纲要（2010—2020年）》指出："学校要把减负落实到教育教学各个环节……改进教学方法，增强课堂教学效果，减少作业量和考试次数。培养学生学习兴趣和爱好。"

《广东省中长期教育改革和发展规划纲要（2010—2020年）》也指出："我省教育还不完全适应经济社会发展和人民群众接受良好教育的要求。教育观念相对落后……中小学生课业负担过重，素质教育推进困难……深化教育改革成为全社会共同心声……坚持面向现代化、面向世界、面向未来，坚持育人为本，以改革创新为动力，以促进公平为重点，以提高质量为核心，全面实施素质教育，推动教育事业在新的历史起点上科学发展，为建设教育强省、人力资源强省做出更大的贡献。"

本课题的提出是课程改革的需要。在我国颁布的生物课程标准中，提出了"提高生物科学素养，倡导探究性学习"的理念。生物课程标准中提出的探究式学习是学生学习方式的重要转变，而探究式学习中的探究发端于问题。能否有效地引导学生发现问题、提出问题，在一定程度上关系到基础教育第二轮课程改革（简称"课改"）的成败。课改发展至今，有些教师还是没有改变传统"满堂灌"的教学方式；有些教师即使改变了，也只是"形似而神不似"。在基础教育课程改革新阶段，要求改变人才的培养模式，实现学生学习方式的根本转变，即变被动的知识灌输为通过学生自主的学习、讨论和探索去发现问题、解决问题。注重培养学生创新意识，学会学习、提升问题分析和解决的能力，已成为新课程实施的重要任务，要求创设有利于引导学生主动学习的教学

[①] 课题主持人：杨计明。课题组成员：颜培辉、詹荣华、梁志荣、李程祯、何惠文、张勇、刘桦、林本红、沈红英、盛保营。

环境，提高学生自主学习、合作交流、分析和解决问题的能力。

本课题的提出是基于从根本上革除传统课堂教学模式积弊的需要。2011年本课题提出时，广东省初中课程改革自2001年开始试点已有10年，高中课程改革自2004年在全省全面铺开也有7年，我们在课程改革方面取得了一定的成效，但应试教育似乎愈演愈烈，学生在校学习时间越来越长、课业负担越来越重的问题始终没有解决。究其原因，除了复杂的社会背景、教育体制等因素外，也与传统的课堂教学模式未能从根本上改变有关。以知识灌输为主的课堂教学模式依然主宰着今天的中学课堂，教学效率难以提高、学生能力难以发展。我国已提出"要建设创新型国家，进入人力资源强国行列"的战略目标，而这些都需要我们改变传统的课堂教学模式，培养学生的创新意识和问题意识，提高他们的综合素养。

因此，学校要改变单纯灌输式的教育方法，大力创新教育教学方法，激发学生的好奇心和主动性，培养学生的创造性思维。

2. 课题提出的意义

新课程改革强调学生的主体性，倡导学生进行"自主、合作、探究"式学习。新课程改革的理念能否实现，主要取决于教师，只有教师从根本上认识到教学改革的本质和内涵，并用新课程理念指导每节课的教学工作，才能使课改实实在在地落到实处。课改实施以来，部分忠于课改的学校在教学模式上进行了认真的探索和实践，为了体现学生的自主性，改变传统教学模式，教师将学生"推上"了讲台，开创了以"学生为主，教师为辅"的教学模式。传统模式是改变了，可课堂教学的效率和知识点的落实情况却令人担忧，最终课改也必然以失败而告终，不得已又回归传统模式。教师讲授也好，学生讲解也罢，都是教学模式的两个极端。很多课程我们可以开创"折中"的新模式，即"问题导学法"，既可以体现教师在课堂教学中的引导地位，又可以充分体现学生参与课堂、自主探究、合作探究的理念，甚至可以把问题延伸至课堂之外。

本课题以生物课程标准为依据，联系中学生物的教学内容，结合现行中学生物课堂的一般模式，探索能提高中学生物课堂教学有效性的教学"问题导学法"理论模型和实践模式，力求将新课程要求的教学方法、具体的教学内容和对学生的培养目标落到实处。为进一步推广生物教学"问题导学法"理论模型和实践模式，本书以教学案例、课堂实录教学设计思路分析等形式展示出来，为广大中学生物教师提供可操作的教学范例，对他们落实新课改的目标具有较强的实践指导意义和价值。

3. 课题所要解决的主要问题

由低年级到高年级的中学生物教学中,教师的"导"要越来越少,而学生的"学"要越来越多,以发挥学生学习的主观能动性。

中学生物教学所要解决的主要问题是:提高中学生物课堂教学水平和质量。学生在教师的引导下通过学校教学学会自主学习,同时在脱离教师的情况下进入学习化社会,从而能够终身学习,促进自我的终身发展。

(二)课题的核心概念及其界定

生物学"问题导学法"指"在系统科学理论、建构主义理论、多元智力理论的指导下,把教学内容转化为有价值的、值得探究的、有多种解决方法的生命科学问题,在教师的引导、疏导、辅导下,创造条件让学生自主、探究、合作学习"。

生物学"问题导学法"中,"问题"是基础,"导"是关键,"学"是核心。

问题,即提出问题、分析问题、解决问题。它是教学的出发点和归宿。问题应该是有思考价值的,学生能够以此提出多种解决方法,对问题提出的检验假设在现有条件下通过集体的努力能够得到解决。

导,即引导、疏导、辅导。它是问题与学的桥梁和中介。

学,即自主、合作、探究学习。它注重学习的过程和结果。教师的"导"要通过学生的"学"来实施,学生的"学"要依靠教师的"导"来进行。因此,教师是学生学习方向的引导者,学习方法的疏导者,学习内容的辅导者;而学生则应通过"自主、探究、合作"的方式进行学习。

法,即(宏观)模型—模式—策略—方法(微观)。它主要指教学法,即中学生物学的教学方法和手段。

"问题导学法"与课程理念、教学要素核心概念的界定的相互关系图构成了理论模型和实践模式的基本框架,同时构成了本课题理论研究与实践探索的基础,如图1-1-1所示。

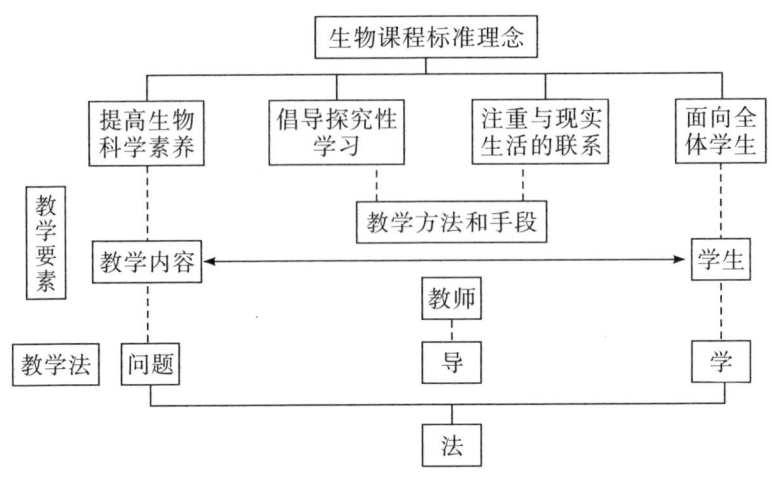

图 1-1-1　生物学"问题导学法"核心概念图

（三）国内外相关内容的研究现状

目前，世界上许多国家都在积极推行课程改革，并取得了一定的成效，通过这一改革培养了具有创新精神的新时代所需的人才。课堂教学是课程改革的主阵地，课堂教学的方式、方法是实现有效课堂教学的保障。只有不断改革和完善课堂教学，才能适应新时代对培养高素质、创新型人才的需求，实现新课程标准的理念和总目标。

生物课程标准的颁布是21世纪我国生物学教育改革的重要标志。新课程标准所提出的全新理念和要求既反映了国际科学教育的共同趋势，又顺应了我国科技和社会迅速发展对科学教育的长远和现实需求。此次改革中，中学生物学课程以自然科学教育的坐标重新校准了其价值、宗旨和地位，这一变化使得生物学教师既要面对一些以往并不十分熟悉的任务，又要面对诸多方面的新挑战。广大教师只有对教学内容、教学方法、教学手段、教学组织形式、教学环境及教学测评等有新的认识并创新发展，才能恰当地选择正确、有效的教学方法和手段，合理地组织教学活动，提高教学质量，实现教学目标。

从课改方向看，新课程提倡以问题探究为中心的学习方式。在目前的中学生物学课堂教学中，一些教师也在尝试进行问答式的课堂教学。师生提问的次数虽然增加了，但问题的类型、组织仍有许多不足之处。如面对教师大量的提问，学生始终处于被动回答的状态；解决问题只是简单地回答问题，对提高学生问题意识的作用薄弱；为了提问而提问，组织性问题、口头语言问答过多，如"是不是？""会做吗？"等；问题散乱孤立，缺乏层次性、启发性，不利于培养学生思维的条理性、逻辑性。这些问题有待我们进一步思考与探究。目前，我国内地也有人开展"问题导学"方面的研究，但要么是研究"浅而全"，要么只是就某一节生物课的内容进行此方面的研究。而在就如何创设问题提高学生的能力方面，自新课程标准实施以来，国内还没有人在初、高中生物学教学中开展一体化的系统研究。

在实施这一课题研究中，国内外当前比较流行和认可的一些学习理论包括建构主义学习理论、有效教学等。

建构主义学习理论是认知学习理论的一个重要分支，它认为知识是学习者在一定的情境下，借助其他人（包括教师和学习伙伴）的帮助，利用必要的学习材料，通过意义建构的方式而获得。建构主义学习理论提倡的学习方法是在教师的指导下，以学生为中心的学习。这不仅要求学生由外部刺激的被动接受者和知识的灌输对象转变为信息加工的主体、知识意义的主动建构者，而且要求教师要由知识的传授者、灌输者转变为学生主动建构意义的帮助者和促进者。

有效教学的理念源于20世纪上半叶西方的教学科学化运动，在美国实用主义哲学和行为主义心理学影响的教学效能核定运动后，引起了世界各国教育学者的关注。有效教学的核心就是教学的效益，即什么样的教学是有效的，是高效、低效还是无效。教学有没有效益，并不是指教师有没有教完内容或教得认不认真，而是指学生学到什么或学生学得好不好。有效教学要求教师有"对象"意识，关注学生的进步和发展；要求教师要有时间与效益的观念，关注教学效益；要求教师掌握有关的策略性知识，掌握有效的教学方法和手段。

本课题试图探索和构建一种操作性较强的理论模型及可在具体教学过程中普遍应用的实践模式，并将其应用推广到具体的课堂教学中。本课题的研究也是基于这一理念来开展初步的探索性研究（近期）和深入的推广性研究（远期）的。

（四）研究目标和研究内容

1. 研究目标

本课题研究中，注重落实《义务教育生物学课程标准（2011年版）》《普通高中生物课程标准（实验）》所提出的四大课程理念和三维目标，同时注重在生物课堂教学过程中教师教学方式和学生学习方式的转变，提高生物课堂教学水平和质量。

2. 研究内容

本课题研究采用了点面结合的方式。

点的研究，指在"生物学'问题导学法'教学研究"中，从5个方向进行子课题设计。一是"生物学'问题导学法'"理论模型和实践模式的建构与实施；二是"生物学'问题导学法'"中创设"问题"的教学研究；三是"生物学'问题导学法'"中教师"导"的教学研究；四是"生物学'问题导学法'"中学生"学"的教学研究；五是与生物学"问题""导""学""法"相关组合的教学研究。

面的研究，指在"十二五"期间结合广东省教育研究院教研室工作，将该课题研究与教学研究、教研活动有机整合，通过全省中学生物教学研讨活动，开展以"生物学'问题导学法'"为主题的教学论文和教学课例的展示、交流和评选，推进本课题的研究，总结一批学校"生物学'问题导学法'"实践模式的经验成果，为提炼"生物学'问题导学法'"教学理论模型的研究成果提供参考。

二、方法

本课题的研究方法主要包括思辨研究、行动研究和实证研究等。

（一）实施探索性研究（近期研究）

在"十二五"期间，申报广东省中小学教学研究"十二五"规划课题"生物学'问题导学法'教学研究"，结合广东省教育研究院教研室工作，将探索性的课题研究与教学研究、教研活动有机整合，以探索建构生物学"问题导学法"理论模型和实践模式。

准备与开题阶段

时间：2011年1月—2011年8月。

工作内容：成立总课题组；拟订研究方案；编写开题报告。

实施与交流阶段

时间：2011年9月—2014年12月。

工作内容：开始分类实施；实施阶段交流；专家指导研究；加强指导实施；定期展示交流。

鉴定与结题阶段

时间：2015年1月—2015年12月。

工作内容：总结整理资料；归纳整合成果；撰写结题报告；专家鉴定成

果；申请课题结题。

因需要更深入研究，故在申请研究时间上有所调整。

（二）实施推广性研究（远期研究）

在"十三五"期间，申报广东省中小学教学研究"十三五"规划课题"生物学'问题导学法'教学研究"做推广性研究，结合广东省教育研究院教研室工作，将推广性的课题研究与教学研究、教研活动有机整合，以推广应用生物学"问题导学法"理论模型和实践模式。

三、结果

1. 总结提炼生物学"问题导学法"理论框架和实践模型

（1）首创"系统优化"生物教学活动的理论框架。具体包括：生物课堂教学系统四大教学要素中教学内容与学生认知的冲突是中学生物教与学的主要矛盾；教学内容与学生双向互动结构有利于发挥优化课堂教学、提高学生生物科学素养的功能；生物课堂有效教学的关键是深入掌握学生认知心理状态，并选择与其相适应的教学过程；生物课堂教学系统各要素与生物课程基本理念间存在着密切对应关系的概念图式。

（2）创建"基于问题，师导生学"的教学实践模型，优化教学方式"基于问题，师导生学"中学生物课堂教学活动的实践模型，如图1-1-2所示。

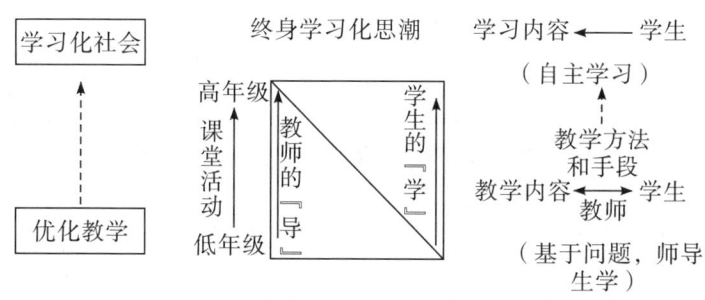

图1-1-2 "基于问题，师导生学"中学生物课堂教学活动实践模型

教师是学生学习方向的引导者、学习方法的疏导者、学习内容的辅导者，要有针对性地对不同地区和不同层次的学生创设不同种类和层次的问题情景。在网状体系的问题与丰富的学生个性之间，教师要建构合适的"桥梁"。

优化课堂教学活动要根据教学内容设计探究问题，问题要富有逻辑性、层次性；解决问题所需的思维水平处于学生的"邻近发展区"，学生通过探究有能力解决该问题，以有效地引导学生的学。

优化中学生物课堂教学活动理论框架和实践模型，为国内同类学科首创。"问题导学法"作为优化中学生物课堂教学活动"探究性学习—问题导学法—创造性教学"金三角的核心内容之一，该阶段性研究成果在 2014 年获国家级教学成果奖。

2. 编选发表生物学"问题导学法"教学研究论文

2012—2014 年，作为广东省教育研究院主办的《广东教学研究》的责任编辑，课题主持人杨计明在此学术平台编选发表生物学"问题导学法"教学研究相关主题论文 11 篇。具体如下：《创设问题情境，培养学生思维能力》（阳江市阳西县第一中学郑素梅）；《掌控生物课堂"提问"时机，提升生物教学"提问"效率》（佛山市顺德区乐从镇乐从中学关永韶）；《生物教学中基于英特尔未来教育理念的"问题导学"》（东莞市东莞中学初中部肖小亮）；《"问题导学法"五步教学模式对生物课堂效果的初步分析》（东莞市第五高级中学李洋）；《如何"导"学生才"学"》（中山市东升镇高级中学冼省）；《用"问题导学法"上生物课要合理设置问题》（韶关市武江区广东北江实验学校陈国英）；《如何在"问题导学法"教学模式中创设问题》（佛山市顺德区李兆基中学辛小兵）；《浅谈合作学习与"问题导学法"的有效整合》（韶关市第九中学黄昌盛）；《"问题导学法"在"植物生长素的发现"教学中的应用》（汕头市第一中学袁博）；《问题导学法在高中生物教学中的应用》（湛江市遂溪县第一中学陈月英）；《生物学"问题导学法"中"导"的案例研究》（揭阳市教育局教研室詹荣华）。

3. 交流评选生物学"问题导学法"教学研究论文

为进一步创新广东省中学的生物学教学，研讨广东省中小学教学研究"十二五"规划课题"生物学'问题导学法'教学研究"，课题主持人杨计明主持召开了 2012 年广东省中学生物学教学研讨会（粤教研院教〔2012〕15 号），会上进行了生物学"问题导学法"教学研究论文的评选与交流。评选结果见表 1-1-1、表 1-1-2。

表 1-1-1　初中组中学生物学教学论文评选结果（共 43 篇）

作者	作者所在单位名称	论文名称	获奖等级
肖小亮	东莞市东莞中学初中部	生物教学中基于英特尔未来教育理念的"问题导学"	一等奖（共5篇）
谢继生	韶关市一中实验学校	"问题导学法"在初中生物教学中的运用	
李文送	湛江师范学院附属中学	生物学"问题导学"教学对学习成绩影响的实验研究	
冼稚文	佛山市华英学校	生成"自主问题链"，提高问题导学的有效性	
陈卫秀	珠海市实验中学	基于"问题导学法"培养学生自我导学的探究	
王才彬	汕头市龙湖区新溪第一中学	谈生物教学中"问题导学法"的"导"	二等奖（共14篇）
杨舜华	揭阳市揭东县登岗镇吕畔初级中学	浅谈"问题导学法"在生物课堂教学中的应用	
谢文龙	江门市江门一中景贤学校	重视问题构建，实现知识有效生成	
陈睿俊	茂名市第十五中学	以导学案为引索，挖掘探求科学的潜力	
孔一杏	佛山市顺德区南江中学	问题引领，高效探究	
张庆桃	中山市古镇初级中学	浅谈"问题导学法"在初中生物探究性教学中的运用	
王惠	惠州市惠阳区三和实验学校	如何在问题导学中设置问题	
刘厚仰	东莞市袁崇焕中学	巧用生活元素，提高问题导学效率	
刘德珍	韶关市莲花中学	初中生物学"问题导学法"中创设问题的原则	

续上表

作者	作者所在单位名称	论文名称	获奖等级
周树绵	汕头市金平区聿怀初级中学	运用"问题导学法"进行初中生物教学的探讨	二等奖（共14篇）
李兰兰	中山市中山纪念中学	"问题导学合作探究"契动初中生物教学	
郑创华	珠海市紫荆中学	基于现代网络论坛平台的初中生物问题导学法教学方法研究	
邓艳梅	东莞市东城初级中学	初中生物"问题导学法"设问艺术的探讨	
黄昌盛	韶关市第九中学	初中生物学"问题导学法"中创设"问题"的策略	
梁宏福	阳江市阳东县第二中学	在生物教学中开展"问题导学法"的尝试	三等奖（共24篇）
陆清妍	云浮市云城区云浮中学	诱导为本，指导为用	
潘燕真	清远市清城区清城中学	"问有度，导有理"——"问题导学法"在生物课的应用	
张丽芬	深圳市第二实验学校	论初中科学课中的生物学知识教学策略	
李影文	肇庆市广东肇庆中学	浅谈初中生物"问题导学法"的"导问"	
李泽辉	揭阳市揭西县城北中学	创设趣味情景，引导学生解决生物问题	
陈仙平	阳江市江城区第二中学	浅谈问题导学法中的问题提出策略	
杨辉朝	江门市新会葵城中学	善以问题引领课堂 提高生物教学的有效性	
杨波	茂名市第十五中学	问题导学法在生物教学中的相关应用	

续上表

作者	作者所在单位名称	论文名称	获奖等级
赵丽蕴	云浮市新兴县第一中学	初中生物课堂"问题导学法"的运用	
刘存燕	湛江市遂溪县第一中学	"问题导学法"在初中生物教学中的重要性	
袁彩霞	清远市英德华粤中英文学校	多媒体技术应用于问题导学优势的研究	
谢茹花	惠州市惠阳光耀实验学校	"蒸腾作用"中的问题引领,导学合一	
刘玉荣	佛山市第六中学	"问题引领与小组合作、分层教学"在生物教学上的几点尝试	
谢宝凤	深圳市皇岗中学	探索激发学生学习兴趣的有效途径研究	
林小唐	揭阳市榕城区揭阳真理中学	问题式教学在生物教学中的应用	三等奖（共24篇）
梁品江	江门市蓬江区潮连中心学校	问题导学法在生物学教学中的应用	
曲新佳	汕头金山中学南区学校	浅议初中生物教学中问题情境的创设	
姚碧林	中山市黄圃镇中学	农村初中生物实施"导学案"有效教学探索	
罗妙芬	清远市清城区后街中学	浅议"问题导学法"中的有效提问	
陈刚梅	惠州市惠城区惠台学校	高效课堂问题导航	
冯志琦	佛山市三水中学附属初中	探究初中生物教学中学生问题意识的培养	
肖伊娜	深圳市上步中学	挖掘隐性课程资源,提高科学课堂效率	
叶凌	珠海市文园中学	初中生物问题导学之趣问导学法初探	

表 1-1-2　高中组中学生物学教学论文评选结果（共 51 篇）

作者	作者所在单位名称	论文名称	获奖等级
李洋	东莞市第五高级中学	问题导学五步教学模式的实践分析	一等奖（共3篇）
戴燕	佛山市南海区桂城中学	"问题导学法"中伪问题的类型与对策	
何惠文	深圳市第三高级中学	生物学"问题导学法"中"导"与"学"教学程序的研究	
刘玥	韶关市第二中学	问题导学中教师利用情境创设问题的途径	二等奖（共14篇）
俞秋丰	揭阳市普宁市华侨中学	让课堂成为问题生成的牧场	
范月明	江门市新会华侨中学	巧用思维导图，导出问题导学法的有效性	
曾少纯	汕头市第一中学	问题导学法在高中生物教学中的有效渗透	
吴绮珊	云浮市罗定市廷锴纪念中学	巧用问题导学法，优化高中生物课堂教学	
曹恒英	湛江市第二中学	例谈问题解决法在高中生物教学中的应用	
谭伟联	清远市清城区清城中学	用"问题引导"法优化学生的学习能力	
廖雄亮	肇庆市高要区第二中学	有效地提问，让生物课堂动起来	
吴燕清	北京师范大学（珠海）附属高级中学	问题导学法之我见——生物教学中的有效提问	
巨文峰	东莞市东莞中学	浅谈问题导学法中"问题情境"的创设	
冼省	中山市东升镇高级中学	如何"导"学生才"学"	

续上表

作者	作者所在单位名称	论文名称	获奖等级
杨太林	惠州市惠阳区崇雅中学高中部	高中生物教学中如何培养学生的"问题"意识	二等奖（共14篇）
吕翠香	江门市新会第一中学	"问题导学法"在《染色体变异》一节的应用	
林树华	湛江市坡头区龙头中学	"问题导学法"在生物教学中的应用	
张定娜	河源市源城区东埔中学	巧用"问题导学法"，优化生物课堂	三等奖（共34篇）
卢平	阳江市第一中学	基于高中生物选修三教学实践的"问题"分析	
谭培春	茂名市广东高州中学	问题导学法与学生创新思维能力的培养	
王爱辉	佛山市顺德区李兆基中学	让"问题"成为提升学生思维品质的助推器	
于丽丽	中山市濠头中学	高中生物中问题导学法的研究	
洪冰冰	惠州市惠阳高级中学（高中部）	"植物生长素的发现"教学中问题情境的创设	
曾文慧	河源市源城区东埔中学	例谈"问题导学"在高中生物教学中实施的策略	
曾红萍	揭阳市东山区东山中学	让"问题导学法"成为学困生的"进步酶"	
郑素梅	阳江市阳西县第一中学	立足教材资源，开展问题导学	
黄惠清	江门市恩平市第一中学	"问题导学法"中问题创设的原则	
林媛玫	汕头市金平区东厦中学	PBL精神在高中生物教学中的应用	
卫武伟	云浮市新兴县第一中学	问题导学法——高中生物课堂教学的催化剂	

续上表

作者	作者所在单位名称	论文名称	获奖等级
杜伟健	湛江市吴川市第二中学	疑是思之源，问是导之法	
江敏	清远市英德市英德中学	学贵有"疑"——谈问题导学法在高中生物教学中的运用	
邓文静	佛山市南海区南海中学	在高中生物教学中开展"问题探讨"的策略	
唐家友	深圳市光明新区高级中学	"问题导学法"的实施策略	
苏振林	肇庆市高要区第二中学	对"问题导学"过程中"精细化"的思考	
刁丽娟	珠海市第三中学	对"问题导学法"在实践中几个问题的思考	
陈琼华	东莞市厚街中学	利用问题导学法进行生物科学史教学	三等奖（共34篇）
龙其高	河源市紫金县第二中学	问题导学是生物课堂有效教学的策略	
曾鹏光	揭阳市空港经济区登岗中学	巧用问题导学法，提高生物复习的有效性	
许正华	阳江市阳东县广雅中学	生物课堂问题情境的创设初探	
林静珊	汕头市潮阳第一中学	4人、6人还是8人——"问题导学法"在高一生物教学中的应用研究	
陈水凤	云浮市罗定市罗定中学	问题导学教学法中有效提问的初探	
胡蓉	华南师范大学中山附属中学	问题导学法运用的技巧探讨	
刘惠莹	清远市英德市英德中学	"问题导学法"在中学生物教学中的尝试	
宋林刚	惠州市第一中学	生物教学中基础知识的设问与导学	

续上表

作者	作者所在单位名称	论文名称	获奖等级
柯美玲	佛山市三水区三水中学	问题导学，促进学生自主学习	三等奖（共34篇）
郭琪琦	深圳市第二实验学校	浅谈"问题导学法"之问题设计	
谢雪芬	肇庆市高要区第二中学	运用问题导学，重建高三一轮复习课	
曾爱娟	阳江市江城区英才中学	"问题导学法"在心理学上的研究	
黎杏萍	佛山市禅城实验高中	精心设计问题，引导课堂教学	
孙逊	华南师范大学附属中学	高中生物教学中问题情境创设策略的研究	
陈义虎	广东实验中学	高中生物"问题导学"之"问"	

4. 优选展示生物学"问题导学法"教学研究课例

为了进一步引导中学生物教师全面实施素质教育，促进中学生物教师专业发展，有效提高全省中学生物教学质量，课题主持人杨计明于2015年主持召开了广东教育学会中学生物教学专业委员会学术年会（以下简称"学术年会"）。会上各单位［包括各地级市及顺德区中学生物教学专业委员会（以下简称"中生会"）、华南师范大学附属中学、广东实验中学］分别按要求以"问题导学　高校课堂"为中心，按照所定的立题及内容优选一节现场课例报送学术年会进行中学生物教学课堂展示。

2015年广东省中学生物教学"问题导学　高效课堂"优质现场课例评选结果见表1-1-3。

表 1-1-3　2015年学术年会"问题导学　高效课堂"优质现场课例

主题	年级	现场课例名称	教师所在单位名称	教师姓名	获奖等级
实验教学	七年级	探究细胞膜控制物质的进出	深圳市宝安中学	刘雪姣	一等奖
		光合作用吸收二氧化碳释放氧气	深圳市翠园中学初中部	陈乃权、尹丽杰	一等奖
		绿叶在光下制造有机物	茂名市第十五中学	许怡敏	二等奖
		尿的形成和排出	珠海市九洲中学	杨敏旭	二等奖
		练习使用显微镜	汕尾市海丰县红城中学	屈佳慧	二等奖
概念教学	八年级	细菌	深圳市横岗中心学校	夏帆	一等奖
		人类对真菌和细菌的利用	阳江市实验学校	黎晓丹	一等奖
		细菌和真菌在自然界中的作用	江门市蓬江区杜阮中心初级中学	肖乐倩	二等奖
		细菌	深圳市坪山实验学校	蔡晓霞	二等奖
		细菌	清远市清城区东城一中	汪娜	二等奖
实验教学	高一	探究环境因素对金鱼藻光合作用强度的影响	东莞市东莞中学松山湖学校	吴丰	一等奖
		生物组织中可溶性还原糖、脂肪、蛋白质等鉴定试验	韶关市第五中学	庄世均	一等奖
		生物组织中还原糖、蛋白质、脂肪的鉴定	中山市中山纪念中学	李兰	二等奖
		生物组织中糖类、脂肪和蛋白质的检测	惠州市惠阳中山中学	刘辉珊	二等奖
		叶绿体中色素的提取和分离	佛山市顺德区华侨中学	莫小妍	二等奖

续上表

主题	年级	现场课例名称	教师所在单位名称	教师姓名	获奖等级
探究教学	高二	群落的结构	湛江第一中学	芦珊	一等奖
		其他植物激素	佛山市第一中学	潘灌文	
		生长素的生理作用	广东实验中学	朱明鲲	二等奖
		生长素的发现	肇庆市德庆县香山中学	李玲琪	
		生长素的生理作用	云浮市罗定中学	陈木莲	
复习教学	高三	生态系统的能量流动	揭阳市揭西县河婆中学	蔡伟强	一等奖
		糖尿病——跨章节知识的有序整理	华南师范大学附属中学	罗宇立	
		必修一、二中的"分离"问题	深圳市宝安中学	李阳	二等奖
		神经调节和体液调节的关系——下丘脑的功能	广州市第十六中学	杨乐	
		减数分裂与受精作用	河源市源城区东埔中学	张定娜	

上述"问题导学 高效课堂"优质课例均选入杨计明主编的《广东省中学生物教学成果精品（2016）》电子出版物，由广东音像教材出版社于2017年出版。

5. 出版发表生物学"问题导学法"教学研究成果

本课题研究成果主要包含立项通知的成果形式研究报告、教学资源和论文三大部分：首先，撰写了课题研究成果研究报告，即"生物学'问题导学法'教学研究"研究主报告（本书）；其次，出版了课题研究成果教学资源；最后，发表了课题研究成果学术论文。

四、讨论

课题主持人杨计明核心成果之一"问题导学法"阶段性成果获2014年首届国家级教学成果奖，课题组成员李程祯主持子课题获广东省普通教育教学成果奖（2017年），可以进一步加强"问题导学法"教学成果转化。

课题主持人杨计明获国家级教学成果首创"系统优化"的理论框架和"基于问题 师导生学"的实践模型得到进一步实践检验及推广应用,广东教育学会中学生物教学专业委员会学术年会(2017年)进一步推广应用"问题导学高效课堂"成效显著,可以进一步强化"问题导学法"通过广东教育学会中学生物教学专业委员会学术年会(单年:2019、2021、2023年等)推广应用"问题导学 高效课堂"。

五、结论

(一)"问题导学法"核心概念达成广泛共识

课题申报时界定的"问题导学法"核心概念为"在建构主义教学理论、建构主义学习理论、多元智力理论的指导下,把教学内容转化为有价值的、值得探究的、有多种解决方法的生命科学问题,在教师的引导、疏导、辅导下,创造条件让学生自主、探究、合作学习"①。随后,课题在研究中完善了"问题导学法"的核心概念。优化后的中学生物"问题导学法"指"在系统科学理论、建构主义理论、多元智力理论的指导下,把教学内容转化为有价值的、值得探究的、有多种解决方法的生命科学问题,在教师的引导、疏导、辅导下,创造条件让学生自主、探究、合作学习"②。

(二)"问题导学法"行动研究百花齐放

"问题导学法"行动研究按照教学方法(学校)—教学策略(区县)—教学模式(地市)—实践模型(省级)的教学模式百花齐放。

(三)"问题导学法"理论实践创新生物教学理性逻辑

本课题在"问题导学法"理论框架和实践模型的基础上,创新了生物教学的"5创—2促—1提"的理性逻辑(简称521模式),如图1-1-3所示。③

---

① 广东省教育厅教研室. 普通高中新课程学科教学指导[M]. 北京:高等教育出版社,2005.

② 广东省教育研究院. 创新教育理论 引领教育实践[M]. 广州:广东高等教育出版社,2015.

③ 杨计明. 提高中学生物教学质量的"521广东实践模式"[J]. 广东教育(综合),2017(5).

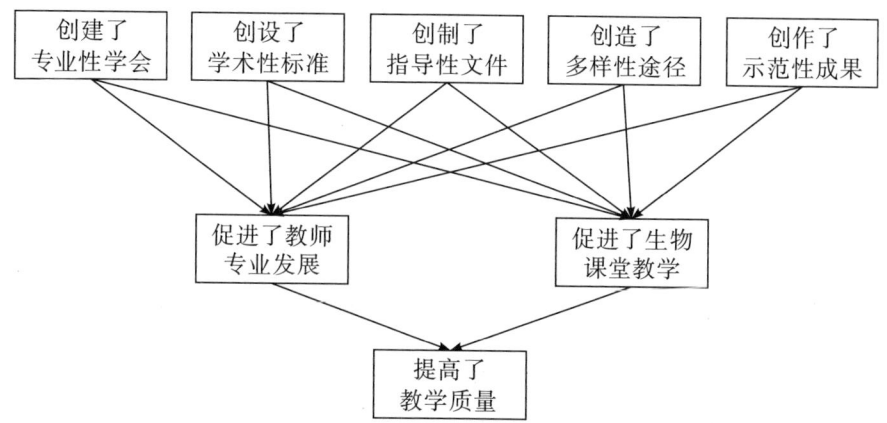

图 1-1-3　生物教学"5 创—2 促—1 提"理性逻辑图解

本课题创作"问题导学法"示范性成果,促进生物课堂教学,达成提高中学生物教学质量的目标,通过思辨研究、实证研究和行动研究相结合,"问题导学法"进一步深化了提高中学生物教学"5 创—2 促—1 提"理性逻辑的"广东模式"。

六、展望

"生物学'问题导学法'教学研究"虽然已经结题,但研究并未结束。在"问题导学法"课题研究成果的推广上,引申出一个值得进一步研究的重大课题:"广东提高中学生物教学质量的探索与实践:521模式过程与方法"。新课题旨在解决以下问题。

(一)创建专业性学会,进一步加强团体凝聚力

2014 年 5 月 15 日,在广东省教育研究院领导和广东教育学会领导的悉心关怀下,广东教育学会批复同意成立"广东教育学会中学生物教学专业委员会"。2014 年 7 月 7 日,广东教育学会中学生物教学专业委员会第一次会员代表大会在广州隆重召开,宣告广东教育学会中学生物教学专业委员会成立。

广东教育学会中学生物教学专业委员会采取"省中生会—市中生会—县中生会—校中生会"和"省教研室—市教研室—县教研室—校教研室"两线结合四级联动的方式开展活动。广东教育学会中学生物教学专业委员会理事会理事组成注重代表性和全覆盖,省、市、县、校各级教研室在编在岗生物教研员原则上都是理事会理事,以便更好地组织开展学术活动。

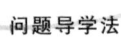

（二）创设学术性标准，进一步扩大学术影响力

广东教育学会中学生物教学专业委员会研制了以下学术评审标准：广东省中学生物教学论文评审标准（试行）；广东省中学生物教学质量奖评审标准（试行）；广东省中学生物教学优秀科组评审标准（试行）；广东省中学生物教学设计与课例评审标准（试行）；广东省中学生物教学研究规划课题成果鉴定评审标准（试行）。

（三）创制指导性文件，进一步把握方向引导力

创新性研制了《关于印发义务教育语文等学科教学指导意见（2012年版）的通知》（粤教教研函〔2012〕9号）和《关于印发普通高中语文等学科教学指导意见（2012年版）的通知》（粤教教研函〔2012〕13号）。

（四）创造多样性途径，进一步提高平台生产力

广东教育学会中学生物教学专业委员会创设了以学术性标准（试行）为引领、提高中学生物教学质量的广东省中学生物教学六大学术活动，内容包括：开展广东省中学生物教学设计与教学论文评选活动（每年3月20日），开展广东省中学生物教学研究规划年度课题申报活动（每年3月20日），召开广东省中学生物教学研讨会（每年7月上旬），开展广东省中学生物教学质量奖评选活动（每年9月20日），开展广东省中学生物教学优秀科组评选活动（每年9月20日），召开广东教育学会中学生物教学专业委员会学术年会（每年11月上旬）。

（五）创作示范性成果，进一步增强精品辐射力

广东教育学会中学生物教学专业委员会引领学术活动，搭建学术平台，采撷教学精华，创作成果精品，主编"广东省中学生物教学成果精品"系列电子出版物，精品送教，促进教师专业发展，促进生物课堂教学，提高教学质量。

第二篇 问题导学法：分论

第一章　问题导学法：教学建模

课题主持人杨计明依据"生物学'问题导学法'教学研究"总课题界定的"问题导学法"核心概念，即"在系统科学理论、建构主义理论、多元智力理论指导下，把教学内容转化为有价值的、值得探究的、有多种解决方法的生命科学问题，在教师的引导、疏导、辅导下，创造条件让学生自主、探究、合作学习"，对总课题实施思辨研究、行动研究和实证研究，指导开展"模式类"子课题研究和精准点研究。本章分述"问题导学法"理论模型和实践模式2个实例。

实例1：生物学"问题导学法"理论模型和实践模式的建构与实施 [①]

一、前言

（一）研究目标

本课题试图通过具体的教学案例来建构"问题导学法"的理论模型和实践模式。

（二）研究内容

"问题导学法"的概念提出已久，很多教师也都在课堂教学中运用了这一方法。一直以来，广大生物学教师都在努力探索和建构一种操作性较强的理论模型，以及在具体教学过程中可普遍应用的实践模式，并将其应用推广到具体的课堂教学当中。本课题的研究也是基于这一理念来深入开展研究的。

[①] 课题主持人：颜培辉。课题组成员：陈祖汉、梁光明、庞萌、杨忠顺、杨志强、卢开雄、徐鹍、肖件文、连圣强、杨万富、章君果。

二、方法

本课题的研究方法主要包括文献研究法、案例研究法、行动研究法、访谈法等。研究的主题是生物学"问题导学法"理论模型和实践模式的建构与实施。基本思路是以建构主义理论、有效教学理论和现代生物教学方法理论作为理论先导，以现行人教版生物教材为研究依据，根据不同模块、不同章节的教学内容，将新课改所要求的培养学生能力的有关教学方法，有机地融入课堂教学中，将理论和实践有机结合，提炼出更为有效的"问题导学法"理论模型以及课堂教学实施模式。

三、结果

（一）应用"问题导学法"建构了生物学"问题导学法"理论模型

"问题导学法"与传统的以讲授为主的教学方法有着本质区别，它不是把现成的知识灌输给学生，而是以教材或补充教材为基础，以问题为杠杆，既重视教师指导、点拨、示范等教的过程，更注重学生主体意识、主动学习、能力迁移、自主探究等学的过程。这种教学方法高度体现了现代教育学中"以教师为主导，以学生为主体"的教学原则，有助于提高课堂教学效率和课堂教学的四维目标，即传授知识（基础目标）、培养能力（主要目标）、发展智力（深化目标）、塑造人格（主体目标），赋予了高中生物教学蓬勃的生命力。"问题导学法"的教学模式以问题的提出和解决为中心，根据课本知识要求和学生的知识经验，把教学内容问题化，问题的提出和解决贯穿于整个教学过程中。笔者通过在教学中的实践，将"问题导学法"分为以下4个程序，如图2-1-1所示。

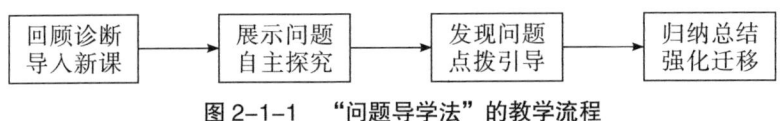

图2-1-1　"问题导学法"的教学流程

"问题导学法"的教学模式主要由两大系统构成，即教师的教学指导活动系统和学生的学习活动系统，如图2-1-2所示。

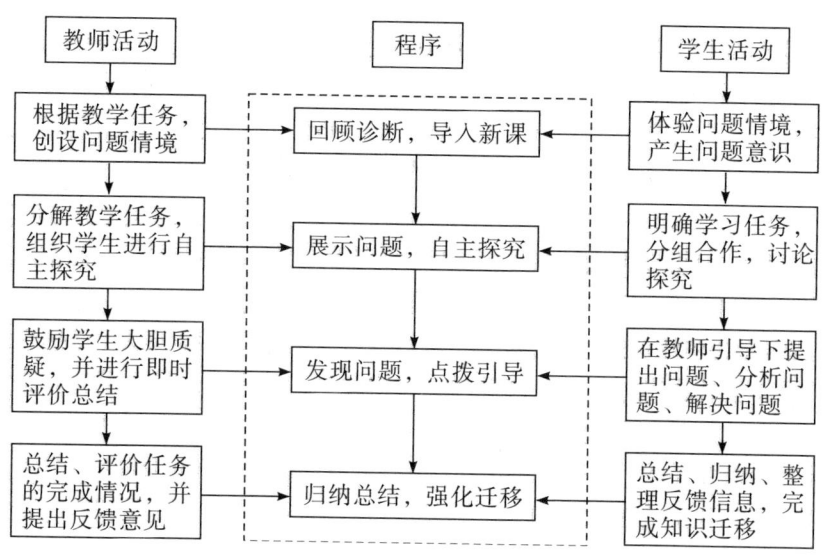

图 2-1-2　生物学"问题导学法"教学模式图

"问题导学法"中"导"与"学"的教学方法就是根据新课程理念,应用导学原则,构建一种充满生机与活力、效率更高的课堂教学模式。

生物学"问题导学法"具有以下特点:①课堂教学目标主要指向"问题解决"。也就是把课堂教学的着力点转移到发现问题、研究问题、解决问题上来。当代思维科学研究表明,问题是思维的起始,解决问题的过程也是思维活动的过程。因此,指向问题解决的课堂教学的目标定位,在表象上是直接的问题解决,在更深层次上是思维品质和学习能力的培养和提高。②课堂教学的内容问题化。根据课程标准、课本知识、学生实际,将课堂教学的内容转化成"问题或问题串"。这样不仅使课堂教学的内容清晰明了,而且使课堂教学的内容呈现与目标达成更加一致,为提高课堂教学的针对性、实效性提供可能。③课堂教学的过程以问题为纽带。教学过程不是简单的知识讲解或传递过程,而是把问题的提出和解决贯穿于课堂教学的全过程。即通过创设特定的问题情境,引导学生在解决问题的过程中,主动获取新的知识,培养运用知识解决实际问题的方法和能力。在课堂教学的过程中,师生共同围绕"问题"展开双边活动。教师是问题情境的创设者、问题研究的组织者、问题解决的指导者、学生学习的鼓励者;学生是问题提出、问题研究的主动参与者,问题解决的积极主体。

学生在教师的科学引导下进行自主学习和探究,通过"亲身参与"获得体验、认识,激发学习兴趣,体验成就感,提升创新思维能力,培养良好素质。"问题导学法"就是以优质的问题作为导学的纽带,通过教师精心创设的问题情境，引导学生在解决问题的过程中主动获取和运用一定的知识和技能，增强学生主动获取知识的意识，培养学生发现和解决问题的能力。

（二）应用"问题导学法"建构了生物学"问题导学法"实践模式

遵循生物学"问题导学法"的基本理念，通过研究，我们构建起了生物学"问题导学法"的基本模式，如图2-1-3所示。

"问题导学法"的基本模式遵循生物学"问题导学法"的基本理念，根据教学目标、教学内容和学生现有的知识背景，将所要学的知识情境化。即结合学生的知识基础、成长经历、生活实际情况赋予要学习的新知识一定的情境；教师根据情境适当提出问题，或引导学生分析情境提出问题，或以情境引导学生阅读教材提出问题，或引导学生在观察、思考情境、交流讨论的过程中生成问题；以问题激发学

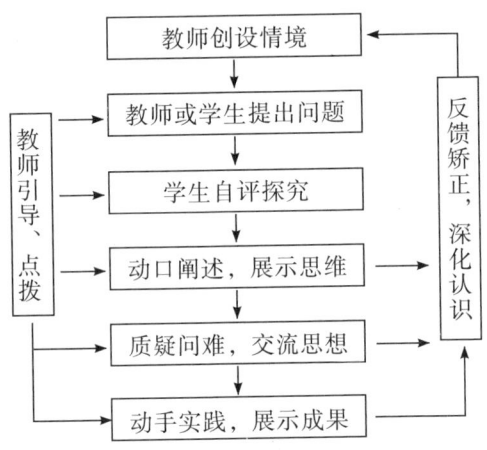

图2-1-3 生物学"问题导学法"的基本模式

生的好奇心，促进学生自主探究，尝试解决问题。在探究过程中，学生遇到困惑时，教师予以点拨、引导。学生探究后，动口阐述自己的思维结果，向他人展示自己的思维过程，引发其他同学思考，同时也可求得他人的帮助。教师和学生在听取其他同学阐述思维结果后，可提出质疑，或提出自己的想法，以完善探究成果。在讨论的基础上，学生都来动手书写或动手操作实践，展示研究成果。教师针对学生的阐述、交流、展示予以反馈，取得成功时予以表扬、鼓励，出现错误时予以柔性评价和矫正，通过质疑、互动交流，达到令学生深化理解、丰富认识的目的。在这一框架下，学生真正成为了学习的主体，是知识意义的主动建构者；教师是教学过程的组织者、指导者，意义建构的帮助者、促进者。

（三）应用"问题导学法"促进了学生的学业发展

1. 改变了学生的学习方式

在实施"问题导学法"的课堂上，学生逐渐摆脱了对教师的依赖感，学

会了自主、探究、合作学习。随着"问题导学法"教学模式深度实施，针对问题情境，学生不再是等着教师来解析，而是主动积极思考，或查阅资料，或与同桌讨论，或参与小组合作交流，已从思想深处意识到学习是自己的事，是别人无法替代的。课堂上，学生都能认真倾听其他同学的结果汇报和解析，绝大多数学生能发现他人的优点和不足之处，并敢于提出自己的见解。

2. 增强了学生的问题意识

随着"问题导学法"的深入推进，学生的问题意识逐渐得到加强，不再唯书唯师是从，每堂课总能听到学生的质疑之声。如有的学生对教材上介绍"健那绿能使活细胞中的线粒体染上色"感到不解，马上提出："色素一般都是大分子物质，健那绿为什么能透过细胞膜使细胞内线粒体染上色呢？"还真一下子把教师给问住了。课后师生共同查找资料，彻底弄清楚。再如在"种群的特征"一课中，当教师讲到呈正方形样方边角上个体的计数方法是"计两边及其夹角"时，一位同学猛然冒出一个问题："如果是三角形的样方又该怎样计数呢？"一下子把师生的思路拓展开来，促进师生寻找不同形状样方边角上个体的计数规律，弥补了教材和教师讲解的不足。再如学习完"基因是有遗传效应的 DNA 片段"一节后，有同学经过思考后提出："老师，RNA 病毒有基因吗？"教师说："有。""既然 RNA 病毒是有基因的，而 RNA 病毒里没有 DNA，只有 RNA，那么课本上对基因的定义不就错了吗？"正因为他这一问，全班同学对基因这一概念有了更全面的认识。

3. 发展了学生的创新思维

在实施"问题导学法"的课堂氛围的熏陶下，学生的观察、分析、综合、想象等能力得到了很大发展，提出问题和解决新问题的能力得到了很好的发展。很多学生不仅关注课堂，而且将视野移向社会，关注生产、生活和环境，提出了诸如"桃源村（社区）绿化覆盖率及其对策研究""大沙河水质分析及治理对策研究"等研究课题，并写出了质量较高的研究报告。还有学生为解决管道穿线的困难，发明制作了"管道穿越机"，并获得青少年发明创造比赛省一等奖、国家二等奖。到了高三年级，绝大多数学生面对复杂的新情境、新问题，心不慌、手不抖，能够较快地抓住繁杂现象背后的本质，完美地解决摆在面前的新问题。如生物高考模拟题、真题中最能考查学生创新能力的实验设计题，我们的学生总能提出独特的思路和方法轻松解决问题。

（四）应用"问题导学法"有效地促进了教师的专业成长

课题组成员积极参加课题研究，"问题导学法"理念现已深入到每一位教师心中，体现在每一堂课里。课题组建起了新授课、复习课"问题导学法"模式教学的课件库、导学案库；几年来，课题组先后有多人次在省、市级生物教学研究活动中执教观摩课、研究课；有多人次教学设计、课例获国家级奖、省级奖；有6篇论文发表在国家级核心刊物上，2篇论文获国家级奖励，4篇论文获市级奖励；有1名教师被评为省教师工作室主持人，8人次被评为省或市奥赛优秀指导教师、高考先进个人、优秀班主任，有21人次获学校教书育人金、银奖，4人次获学校青年教师教学比武一等奖。

实践证明，应用"问题导学法"开展生物教学能有效地提高教学质量，是一种较有效的教育教学模式。

四、讨论

教师在问题解决的过程中是以指导者和促进者的身份出现的，这一角色扮演的成功与否，很大程度上决定了课堂的教学效果。"问题导学法"教学模式对教师提出了更高的要求，主要表现在以下4个方面：一是教师要注意问题设置的技巧，应当对学生的原有知识结构有一个正确的估计，在引入新课、创设情境时，要剖析学生的原有知识结构，找到切入点，并加以合理地利用。另外，教师应把握提问的度，如果问题的难度太大，可以将其分解成若干个小问题，层层递进，逐步达到目标，或者事先向学生讲授设置问题情境所不可缺少的信息和动作。二是教师应当在课前做好充分的准备，包括资料的收集、问题的设置、活动方式的确定以及多媒体课件的制作等，用丰富的表现形式调动学生的多种感官参与课堂活动，从而提高教学效果。三是要求教师具有对课堂教学的预见性和驾驭能力，课前能预测出学生将会出现的情况并确定解决的办法。当在课堂教学中遇到不可预见的问题时，要能随机应变，及时改变教学方法，机智灵活地处理问题，使教学任务能顺利完成。四是教师要在教学过程中营造宽松的学习氛围，让学生处在一种宽松的环境下自由参与、自由思考。在学生自主性探究学习期间，教师需要正确运用肯定和鼓励的语言，采用合理、恰当的氛围进行激励，鼓励学生发表不同意见，使更多的学生参与进来，通过教师引导，逐步实现答案的最优化。

五、结论

（一）"问题导学法"归纳出了几种操作性较强的模型、模式，为生物教师今后的教学提供了有价值的参考资料

由于本课题研究只限于深圳市的学校，时间也较短，故有一定的局限性，代表性也不足，且随着课改的深入发展、理念的更新，应还有许多更优秀的模型和模式有待发掘。我们将继续努力，不断深入研究探讨，期待取得更有价值的成果。

（二）"问题导学法"在中学生物教学中产生了良好的课堂效果，提高了学生的科学素养

实施"问题导学法"，让学生在学习过程中由无疑而生疑，由思疑而释疑，从而逐渐养成思考问题的习惯和掌握解决问题的方法，真正培养了学生的问题意识和自主学习意识，提高了学生的科学素养。

实例 2：生物学"问题导学法"教学模式的实践与研究[①]

一、前言

（一）研究目标

本课题研究目标包括：优化生物学课堂教学结构；提高学生的学习质量，培养学生的问题意识和创新精神，提升学生的问题解决能力和实践能力；提高生物学教师的教学能力、科研能力和理论水平。

（二）研究内容

本课题研究内容包括：生物学"问题导学法"教学中，问题情境的创设，问题的生成策略（包括问题密度、难度、广度的控制）；学生解决问题能力的培养；教师指导作用的研究；生物学"问题导学法"教学模式的实践与构建；尝试编制学生问题意识测验表；尝试编制学生问题解决能力测验表。

研究重点是"问题导学法"教学中，问题情境的创设和教学模式的实践与构建。

二、方法

1. 教育实验法

（1）实验对象。根据智力水平、能力水平、学业水平相当的原则，每个实验基地学校从高一、高二两个年级中各抽出 5 个班作为实验对象，其中实验班 3 个，对照班 2 个，每班约 60 名学生。

（2）实验的自变量。实验班采用"问题导学法"教学，对照班沿用学校原有教学方式或模式，不采用新措施。

（3）无关变量的控制。学生起始状况的智力水平、学业成绩要相当，

[①] 课题主持人：詹荣华。课题组成员：高奕珊、蔡伟强、余耀辉、林小唐、张永标、曾鹏光、吴傲雪、黄泽颖、刘定军、林丽芝、孙洁丰、黄聪、李泽辉、方丽珍、俞秋丰、骆旭、黄少珊、林名胜、张秀芬。

任课教师的教学水平、班主任管理经验要相当，对照班、实验班使用的教材、每周教学时数、进行课外辅导的时间要相同，要保证正常的教学秩序，不造成人为的竞争气氛。

2. 个案研究法

对某一实验教师、某一实验班、某位学生进行跟踪，做深入细致的研究，以其发展变化过程为研究内容，收集研究对象的相关资料，探索"问题导学法"在促进学生全面发展中的影响，提出实验改进措施或教学模式的修改方案。

3. 调查访问法

运用调查访问法，通过问卷调查或访问者与被访问者面对面的接触、有目的的谈话，寻求研究资料。

4. 文献资料法

充分利用学校网络资源查阅资料，借助各种相关的理论和经验，指导课题研究。

5. 经验总结法

重视资料的积累，按照研究内容及时进行阶段性总结，写出报告或经验性文章。

我们还十分重视实践经验的总结和提炼。实验期间，揭阳市教育局教研室先后组织了4次以生物学"问题导学法"为主题的优秀研究论文和优秀教学设计的评选活动，督促实验教师对整个实验过程中获取的大量而丰富的材料进行定性或定量分析，总结新经验，寻求新做法、新规律。

三、结果

（一）初步形成有实践价值和推广价值的"双主互动、四步推进"的生物学"问题导学法"教学模式

传统的生物学教学模式，大多以知识的价值作为教学的本位，往往是教师讲、学生听，完全忽视了学生的主体作用。学生感到置身事外，无法参与其中，更不可能在学习的过程中碰撞出火花，整个学习过程就是一个"填鸭式"的教学过程，无法实现学生全面而又有个性的发展。我们要坚决摒弃这种教学模式。积极尝试探索新型的真正有利于落实科学素质教育的教学模式，

成为当前教育科研的重要课题。所以我们研究的重点是生物学"问题导学法"教学模式的实践与建构。

我们以课堂为依托，在实践—修正—再实践—再修正的循环过程中，不断探索，不断完善，初步建构起有实践价值的"双主互动、四步推进"的"问题导学法"教学模式，如图2-1-4所示。

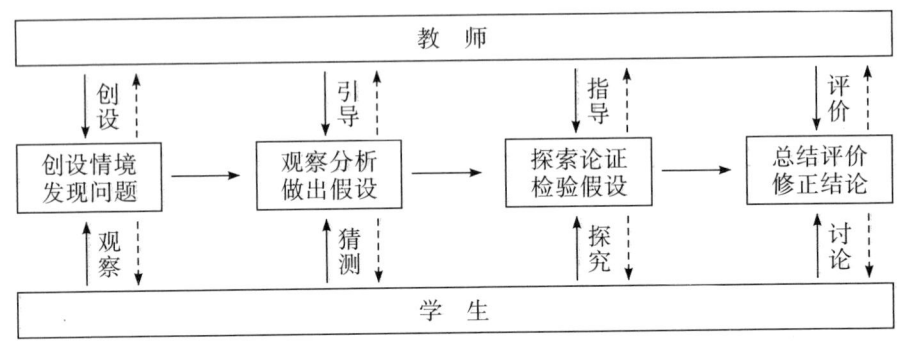

图2-1-4 "问题导学法"教学模式图

该教学模式的优点是：①有明确的教育思想或教学理论基础；②有高层次的教学目标追求；③有简明的操作程序；④指明具体的教学策略；⑤准确界定在学习活动中师生的地位和作用。它解决了生物学"问题导学法"在教学中的具体化和可操作性等难点，促使生物学"问题导学法"在生物学课堂中扎根、开花、结果。

"双主互动、四步推进"的"问题导学法"教学模式具有独特的教育功能。这种功能表现为：学生通过一系列理性思维活动或动手探究活动，在解决生物学问题过程中，创造性地获取隐含于问题背景的科学知识，形成并发展解决问题能力、自主学习能力和团结协作精神。它的重要意义就在于试图解决教育所承担的一项重大的社会责任——形成和发展学生创造性的个性。所以，"双主互动、四步推进"的"问题导学法"教学模式，适用于可转化为真实性的、有价值的、值得探究的、有多种解决方法的生命科学问题的教学内容。

教学模式都应该有可供操作和时间顺序上的教学流程，以体现教学模式的实用性和可操作性。根据杜威提出的解决问题的五步模式，结合生物科学开展实验探究的一般步骤，我们把"双主互动、四步推进"的"问题导学法"教学模式的流程设计为：发现问题—做出假设—实施探究—形成结论。在这一流程中，教师采用的教学策略依次是：创设情境、启动猜测、指导探究、组织评价。而学生作为问题解决过程的主体，完整地经历以下过程：创设情境，发现问题—观察分析，做出假设—探索论证，检验假设—总结评价，修正结论。在整个过程中，我们还引入了系统论方法，把师生置于一种开放的、互动良好的教学环境中，根据反馈信息，教师可及时调整指导策略，学生可及时修正问题解决方案或方法。

（二）丰富了生物学"问题导学法"的教学实践和理论基础

课堂是实践理论、发展理论的主要阵地，开展课堂教学实践始终是生物学"问题导学法"教学模式的实践与研究的主旋律。4年来，我们运用"双主互动、四步推进"的教学模式，磨出不少精品课、优质课、示范课，在摸索和实践中形成了一系列具体有效的教学策略。

1. "创设情境，发现问题"阶段

"创设情境，发现问题"是"双主互动、四步推进"教学模式的起始阶段，教师要精心创设问题情境，引导学生发现问题，并确定学习议题。学生生成问题不是自发的，需要教师的启发诱导。因此，问题情境的创设要能激发认知冲突。研究表明，教师创设的情境，只有促使学生原有的知识与即将学习的生物学知识发生激烈冲突，将学生意识中的矛盾激化，才能使学生产生困难和问题。我们在教学案例实践中还发现，如果要确保学生在解决问题的过程中既能获取科学知识，又能提升科学能力，高效达成教学目标，教师创设的情境就应贴近教学目标、贴近教学内容；让学生选择确定问题时，要先"放"后"收"。"放"可激发学生的问题意识和发散思维能力，"收"可保证学生确定要探究解决的问题具有教育价值，防止学生随心所欲、信马由缰地去解决那些无法解决甚至无价值的"问题"，从而把准学生学习活动的价值取向。

2. "观察分析，做出假设"阶段

假设是一种科学猜想。牛顿告诉我们："没有大胆的猜测，就做不出伟大的发现。"很多伟大的生物学发现都是通过建立假设完成的，问题解决方案也是围绕提出的问题和假设来进行的。在解决问题的过程中，有些教师往往在没有进行充分思维活动的情况下，就让学生做出假设，也有一些学生喜欢凭感觉"瞎蒙"，而不是依据事实和已有知识进行推理，导致做出的假设不着边际。因此，在"问题"产生后，我们的教师既应鼓励学生做出大胆的假设，又应强调做出假设要有理有据。在充分激发学生进行信息的搜集、整理、分析，经过合理想象和合乎逻辑的推理后，审慎地做出假设。在学生做出假设后，教师一定要让学生说出猜想和假设的理由，以此培养其良好的思维习惯，防止学生胡乱猜测，而导致问题解决失败或停滞不前。

3. "探索论证，检验假设"阶段

做出假设后，就进入设计解决方案、证明假设真伪的关键环节。这是学生能否成功解决问题的关键，也是"双主互动、四步推进"的问题导学教学模式的核心。

解决问题是一个动手动脑的过程，可以通过观察、实验、调查和模拟等过程来获取感性认识，即基于实验的研究。由于认识的真正任务在于达到理性认识，所以解决问题的另一途径，可以是通过搜集资料或信息，开展逻辑分析，认识事物的本质和规律，即基于资料的研究。

问题的解决可以看作是从问题的初始状态开始，经过一步步的中间状态，最后达到目标状态的过程。根据这一理论，参与实验的教师在教学实践中归纳形成了以下4种培养学生问题解决能力的基本教学策略。

（1）激活旧知，为解决问题搭建"脚手架"。美国教育心理学家奥苏贝尔提出的有意义学习理论认为，学习者只有在原有认知结构中找到有关观念，作为新知识的固定点、生长点，才能将学习材料中的潜在意义转化为自己现实的心理理解，将知识的意义内化到自己的认知结构中。因此，在学生解决问题之前，教师应该分析学生是否具备解决该问题的先前知识，并通过复习回顾，把存在于学生庞杂知识体系中的先前知识激活，以利问题的解决和新知识的意义建构。

（2）合理归类，激活问题解决图式。基克等人提出了一种有助于问题解决的教学策略，如图2-1-5所示。根据这一策略，在问题解决过程中，我们的实验教师设法引导学生将问题归入某一类型中。因为学生一旦将问题归入似曾相识的某一类型时，一个特定的问题解决图式就可能被激活，这个图式将引导问题解决者关注必要信息，并形成正确的问题解决方案。

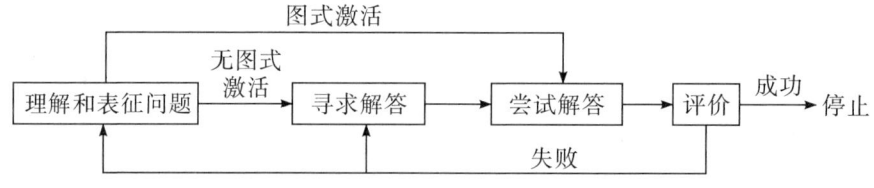

图2-1-5　基克解决问题过程的模式

（3）建立问题的子目标层级，促进问题状态的转化。中学生物教学中要解决的问题，常常具有一定的难度，学生现有的认知能力或认知结构往往无法直接同化和解决，也就是说问题落在最近发展区外，不利于问题的解决与教学目标的实现。教师应该怎么办呢？在教学案例研究中，我们的实验教师采取的策略是，根据最近发展区理论，把探究的问题分解为前后有逻辑关系的小问题串（或叫问题的子目标层级）。这种做法有两方面的意义：一是促成问题状态的转化。分解出来的每个小问题落在学生的最近发展区上，有利于大多数学生通过努力解答一个个小问题，进而逐渐逼近问题的目标状态。二是学生在解决前面问题时所形成的知识和经验，又可参与到后面的思维活动中，成为解决后面问题的前提和基础，提高了问题解决的速度和成功率。

（4）合理选择逻辑推理方式和逻辑顺序。在课题实验过程中，大量的课例研究告诉我们，通过资料探究解决问题，关键在于引导学生选择合适的逻辑推理方式和逻辑顺序。

4. "总结评价，修正结论"阶段

我们的理论创新是借鉴创造性思维测验方法，从提出问题、猜测原因、猜测结果、解决问题等方面入手，制作了学生的问题意识和问题解决能力测量表（含前测表和后测表），对实验效果做定量的测量，为此次教育科研提供参考。

（三）教师的教学观念、理论水平、科研能力、教学能力明显提高

研究任务的驱动，专家的引领，定期的学习，使教师长期以来作为知识权威的角色定位悄然发生改变。教师不再将学习的内容以定论的形式灌输给学生，而是以情境启动教学，以生成的"问题"展开教学，以"问题"的解决过程组织教学，当好学生解决"问题"过程的参与者、促进者、指导者。课题组的每位教师真正确立了素质教育、全面发展、学生为主体的观念，努力地改进和优化教学方法，"满堂灌"的现象有根本性的改变。

此次课题研究，揭阳市共有18所中学申报的19个研究项目入围，参加研究的教师有150人。可以说，此次课题研究具有广泛性、群众性、基层性，产生的影响大、辐射广，极大地促进了揭阳市生物教师教研和教学能力的提高。在教材处理能力上，教师能从生物学"问题导学法"出发，从学生解决问题能力的培养乃至学生的终身发展能力的培养出发，对教材内容进行再构思、再处理，使教学内容的呈现符合学生的认知规律和发展要求；在实验过程中，教师逐渐认可、适应"问题导学法"中教师的角色定位，精准发挥创设情境、启动猜测、指导探究、组织评价的作用，教学能力明显提高；在研究和反思中，教师实现了从"经验型教师"向"研究型教师"的转变。实验

期间，揭阳市第一中学参与课题研究的陈涌程老师被广东省教育研究院推荐参加在湖北省襄阳市举行的2013年中南六省（区）生物教学研讨会。会上，他运用生物学"问题导学法"教学模式执教的现场课例《DNA是主要的遗传物质》荣获一等奖。揭阳岐山中学杨旭霞老师的论文《"问题导学法"在初中生物学教学中的实践与反思》、揭阳华侨高级中学林志红老师的论文《"问"出高三复习的高效课堂》，在2013年中南六省（区）生物教学研讨会上均荣获二等奖。研究项目主持人——揭西县河婆中学蔡伟强老师代表揭阳市执教高三年级生物学复习教学现场课，也是以生物学"问题导学法"为教学指导思路，在2015年广东教育学会中学生物教学专业委员会学术年会上，以小组最高分夺得现场课一等奖。揭阳第一中学林凡老师的《DNA分子的结构》课例在广东省中学生物教学设计与教学论文（2016年）评选活动中荣获一等奖。还有40多篇论文和10多篇教学设计获省级以上的奖励。

开展课题研究促使教师深入学习教育理论，用理论来指导自己的教学，用理论来提升自己的专业水平。参加研究的教师共写出读书笔记458篇，论文235篇，发表在各类生物学教学刊物的论文有14篇，具体情况参考表2-1-1。

表2-1-1　本课题研究成果

成果名称	单位	作者	发表刊物名称
生物学"问题导学法"中"导"的案例研究	揭阳市教育局教研室	詹荣华	广东教学研究
回归科学教育的本质，促成科学素养的发展	揭阳市教育局教研室	詹荣华	理科考试研究
讲科学，求实效——例谈高三生物第二轮复习课的教学设计	揭阳市教育局教研室	詹荣华	揭阳教育
浅谈"问题情境"教学法在教学中的应用	揭西县河婆中学	蔡伟强	生物学教学（全国核心刊物）
浅谈"问题导学法"在生物课堂教学中的应用	揭阳空港经济区登岗中学	曾鹏光	中学生物学
提高高中生物课堂提问有效性的策略研究	揭阳空港经济区登岗中学	曾鹏光	中学课程辅导

续上表

成果名称	单位	作者	发表刊物名称
高中生物课堂教学中问题情境创设的策略研究	揭阳空港经济区登岗中学	曾鹏光	理科考试研究
创设有效问题情境，提高课堂教学实效		曾鹏光	教学考试
生物教学"问题导学法"情境创设策略		曾鹏光	教育科学论坛
"问题导学法"中问题启迪导学初探	普宁市第一中学	陈俊生	中学生数理化（学研版）
"问题导学法"在高中生物实验教学中的实践与思考	普宁市第一中学	肖卫彬	粤东基础教育研究
生物学"问题导学法"教学中问题的生成策略	普宁市第一中学	傅木强	揭阳教育
浅谈"问题导学法"在生物教学中的应用	揭阳第一中学	林凡	科教论坛
生物教学中"问"的学问	揭阳第一中学	洪勇彬	揭阳教育

（四）学生的问题意识、创新精神、自主学习和实践能力明显提高

"问题导学法"以"问题"为基础，以"导"为关键，以"学"为核心，所以随着研究的推进，学生被动学习、接受式学习逐渐退出课堂。学生在问题的驱动下，走出教室，走进自然，走进生活，走进实验室，他们细心观察，大胆猜测；他们动手实验，论证结论；他们拍摄照片，制作模型，表达他们对生命现象的理解和喜爱。实验期间，涌现出不少闪烁着创新思维的学生活动案例。

其中，普宁市第一中学学生活动成果最丰富。如：高三（12）班陈培洁同学发现潮汕特色食品"普宁豆酱"的成分中标有苯甲酸钠，考虑到食品安全问题，为了弄清其在食品中的作用，他开展了"苯甲酸钠的防腐作用的探究"。他用自制红糖水模拟食物和饮料，在营养液中添加不同浓度的苯甲酸钠，以营养液表面长出的菌落数量为检测指标，探索苯甲酸钠的防腐效果和安全性。使用问题导学法，学生主动积极参与讨论、参与探究、参与解决

问题，自主学习能力和问题解决能力明显得到提高。具体效果见表 2-1-2。

表 2-1-2　普宁市第一中学 2012—2013 学年高二年级整体性测试情况表

项目	入学初调考成绩		高二级第一学期期末质检		高二级第二学期期末质检	
	实验班	对照班	实验班	对照班	实验班	对照班
人数 / 人	111	110	111	110	111	110
平均分（$\bar{x}$）/ 分	53.2	52.6	52.4	48.0	45.3	39.9
标准差 σ	12	12	11	12	10	12
z 检验	$0.37 < 1.96$		$2.84 > 1.96$		$3.62 > 1.96$	
P	$P > 0.05$		$P < 0.05$		$P < 0.05$	
结论	无显著性差异		有显著性差异		有显著性差异	

揭阳登岗中学课题组则采用实验研究法，选取学校两个平行班进行实验，两班学生是依据中考成绩进行的分班，起点基本一致，任课教师相同。实验班采用"问题导学法"教学模式，对照班采用传统的教学方式，进行为期一学期的实验，实验效果见表 2-1-3。

表 2-1-3　登岗中学进行"问题导学法"教学实验后结果比较

比较班级	独立思考	发现问题	学习兴趣	独立钻研	挑战困难	寻求表扬	成绩优秀
实验班	80%	85%	88%	43%	81%	42%	81%
对照班	58%	67%	72%	34%	69%	60%	68%
效果比较	22%	18%	16%	9%	12%	-18%	13%

注：实验数据是两个班问卷调查中各种情况的学生数占全班学生数的百分比。

运用"问题导学法"模式进行学习，学生独立思考、发现问题的能力明显提高，学习兴趣也有显著改善，更善于挑战困难，成绩也有很大进步。

惠来县第一中学对"问题导学法"实施前后，生物课堂上教师及学生提问的次数进行了记录，并根据问题的类型进行量化分析，结果见表 2-1-4。

表2-1-4 惠来县第一中学实验前后师生提问能力的变化及问题类型对比表

问题类型		教师		学生	
		实验前	实验后	实验前	实验后
提问/人次		28	16	2	12
问题水平	高	11	7	0	4
	中	7	4	1	6
	低	2	4	1	1
	无效	1	1	0	1
组织性问题		7	0	0	0

结果表明，实验后学生的问题意识有明显的提高，学生敢问了，乐问了，提问已由过去的一种心理负担，转变为一种寻求知识、获取知识的手段。

（五）积累了大量的实验材料，丰富了生物教学资源

"生物学'问题导学法'教学模式的实践与研究"子课题组经过几年的研究，积累了大量的课题研究材料，包括"梦想与探索"课题研究优秀论文集2册（约15万字），"梦想与探索"优秀教学设计集1册（约8万字），"探索的历程"（课题研究记录）（累计4万字）。18所实验基地学校19个研究项目组成员参与编撰的成果丛书1套，包含论文集、教学设计集、教学录像课光盘，普宁市第一中学还出版了《学生课外作品集》。18所实验基地学校共编制教师论文集19册，收编课题实验期间实验教师撰写的论文248篇，编制教学设计集22册，收集教学设计或案例313个，教学录像课45节。成果最为突出的是揭阳登岗中学，形成了大量实验材料。以上这些成果极大地丰富了学校的教学资源，促进了生物教学的可持续发展。

（六）取得了良好的社会效应

在学校领导的大力支持下，子课题组各成员各司其职，认真研究，扎实工作，在理论研究和推广方面取得了优异的成绩。子课题主持人詹荣华应邀在2012年广东省中学生物学教学研讨会上介绍揭阳市生物学"问题导学法"课题研究的经验和做法。《揭阳日报》专门报道了参与课题研究的揭阳第一中学陈涌程老师采取"问题导学法"的教学模式执教"DNA是主要的遗传物质"现场课例荣获2013年中南六省（区）生物教学研讨会现场课例一等奖。揭阳市教育局领导对子课题的研究工作也给予较高的评价。

四、讨论

经过实践研究，形成了"双主互动，四步推进"的生物学"问题导学法"教学模式，可做进一步推广应用研究。

五、结论

我们的"问题导学法"教学模式的实践与研究，形成了生物学"问题导学法"有实践价值的教学模式，丰富了生物学"问题导学法"的教学实践和理论基础，教师的教学观念、理论水平、科研能力、教学能力均得到明显提高，学生的问题意识、自主学习、创新精神、实践能力也明显提升，积累了大量实验材料，丰富了"问题导学法"生物教学资源。

第二章 问题导学法：基于问题

课题主持人杨计明依据"生物学'问题导学法'教学研究"总课题界定的"问题导学法"核心概念，即"在系统科学理论、建构主义理论、多元智力理论指导下，把教学内容转化为有价值的、值得探究的、有多种解决方法的生命科学问题，在教师的引导、疏导、辅导下，创造条件让学生自主、探究、合作学习"，对总课题实施思辨研究、行动研究和实证研究，指导开展"问题类"子课题研究和精准点研究。本章分述探索基于问题的"问题导学法"2个实例。

实例1：生物学"问题导学法"中创设"问题"的教学研究[①]

一、前言

（一）研究目标

一是通过实验法，研究、归纳出"问题导学法"创设"问题"时的情境设置方式、必须遵循的原则、有效的策略和评价量表等；二是通过课题研究，形成良好的校本教研氛围。

（二）研究内容

本课题研究的内容主要包括以下4个方面。

1. 创设"问题"情境设置方式的研究

在生物学"问题导学法"课堂教学中，"问题"可以直接提出（直接设问），也可以间接地提出（以"一定的情境"进行设问），但应以后者为主。

[①] 课题主持人：梁志荣。课题组成员：刘玥、黄昌盛、江剑东、刘德珍、何蕊霞、孔繁菊、谢继生、方伟奇。

那么，创设"问题"时具体的情境设置方式有哪些？它们的适用范围如何？这是需要我们研究、解决的问题。

2. 创设"问题"原则的研究

生物学"问题导学法"中创设的"问题"与一般意义上"提问"所提出的问题不同，它有其特定的含义和自身特有的属性。我们将从创设的"问题"是否必要、是否有效、是否可行等方面进行研究。

3. 创设"问题"策略的研究

生物学"问题导学法"中的"问题"从何而来？即创设"问题"的主体是谁？根据新课程的理念及其要求，最理想的当然是学生。由学生依据学习目标提出"问题"，并与其他同学一起通过一定的途径与方式寻找答案，从而掌握课标所要求的学习目标，这正是新课程所倡导的一种学习方式——自主、合作、探究学习。创设"问题"要达到这一状态，必须要有相应的策略。为此，我们将就有效创设"问题"的方式有哪些，能否构建出其具体的操作模式等问题开展研究。

4. 创设"问题"评价量表开发的研究

在运用"问题导学法"的生物课堂中，创设"问题"的情境设置方式是否适合，归纳的原则是否妥当，采用的策略是否有效，学生的变化情况怎样等问题，都需要进行定性与定量的评价。为此，我们将进行相关评价量表的开发研究。

二、方法

该课题研究方法的特色与创新之处主要体现在以下3个方面。

1. 以点带面和点面结合

选取部分市直学校和县（市、区）重点学校作为实验点，在实验过程中以实验点为龙头，分片开展相关的教研活动，既保证了本实验研究的深度与广度，又能达到以课题研究带动校本教研的目的。

2. 初中高中一体化研究

在初中、高中两个学段均选取适合的学校，从上述4个方面的研究内容开展实验研究，既使本实验研究更有价值，又符合生物新课程的要求，有利于学生生物科学素养的养成。

3. 实验研究和行动研究

在每个实验点均须采用实验法，设置实验班与对照班，收集数据，保证论据有较好的说服力。同时，在研究时让实验真正进入课堂，并根据实验不断地调整教学，在行动中研究。如此，既保证了本课题研究能有较好的科学性，又能让参与实验的师生同时受益。

三、结果

经过3年多的研究，本课题在以下三方面取得了突破性进展。

（一）归纳了采用"问题导学法"实施教学设置问题情境的主要途径

经研究，本课题组归纳了采用"问题导学法"实施教学设置问题情境的6条主要途径：利用生物科学发展史（或诺贝尔奖获得情况）设置问题情境；利用测试题（或练习题）中的材料设置问题情境；利用生活实际及生产实践活动设置问题情境；利用生物实验素材设置问题情境；利用学生原有的知识设置问题情境；利用社会热点问题设置问题情境。

（二）总结了采用"问题导学法"实施教学创设问题应遵循的五项原则

本课题组经实践研究总结发现，无论是初中还是高中，生物教学采用"问题导学法"创设"问题"时均应遵循准确性原则、全面性原则、针对性原则、适度性原则及预见性原则等。

（三）总结了采用"问题导学法"实施教学创设及解决问题的基本流程

经实践研究，本课题组归纳总结了生物课堂教学中创设及解决问题的基本流程：问题情境的设置→问题的提出→问题的解决→问题的总结。具体见图2-2-1。

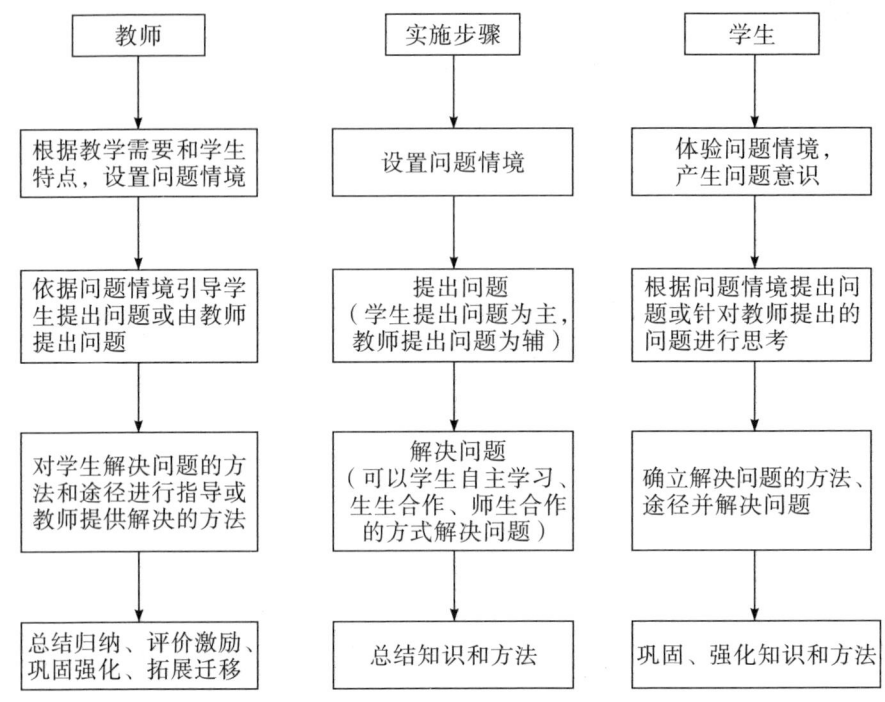

图 2-2-1 采用"问题导学法"创设解决问题的基本流程图

在课堂教学中，情境的设置可能不止一个，更不只是在课堂的初始阶段，可以根据知识点教学的需要设置问题情境，而且每个问题情境设置后就有问题的提出和解决；对于问题的总结我们可以分散进行也可以统一进行，主要取决于教学的需要和实际的课堂环境。

生物学"问题导学法"创设"问题"研究总结出的"六条情境设置途径""五项应遵循原则"及"问题情境的设置→问题的提出→问题的解决→问题的总结"这一基本流程等，能明显提高学生提出问题的能力以及课堂教学质量。以韶关市第五中学赖东妹老师为主开展的"高中生物课堂'问题导学法'问题的有效性研究"的实验结果为例，实验实施后，44.12%的学生会提出很多跟生物学知识有关的问题，较实施前提高 16.12%。

四、讨论

在近几年的研究过程中，课题组先是在实验基地学校进行"点"上的研究，在取得一定的经验后再以课例研究、专题研讨、经验交流等方式开展全市性的教研活动进行更深入的研讨、推广。因此，本课题研究取得的成果不仅极大地促进了参与本课题研究所在学校的生物学科校本教研及课堂教学改革，而且对推进韶关市中学生物课改实验及提高其教学质量也发挥了积极的作用。

但在研究过程中，由于各实验点的实验数据采集不够全面、详细，数据处理不够准确，佐证材料收集不够齐全，从而导致有些问题的研究、分析欠深入，有些结论说服力不够；"问题导学法"中创设"问题"评价量表的开发研究因材料不足而没达到预设目标。

五、结论

生物学"问题导学法"中创设问题指的是师生根据教学内容的需要，为有利于教学目标达成而进行的"问题"设计。本课题主要从创设"问题"的情境设置、创设"问题"所需遵循的原则、创设"问题"的策略及其评价量表等方面，对"问题导学法"中的创设问题开展研究。经过近几年的研究，主要形成了如下的结论与观点。

（一）教师采用"问题导学法"实施教学，通过不同的途径设置问题情境，能够激发学生兴趣，引导学生正确创设问题，并积极思考及探究

问题情境设置指的是在教学活动中，教师根据学生、教学内容和生活实际的具体情况，围绕某个将要解决的问题，营造一种现实而富有吸引力的学习气氛或情境。以韶关市第一中学何文锋老师为主开展的实践研究表明，通过利用生物科学发展史（或诺贝尔奖获得情况）、测试题（或练习题）、生活实际及生产实践活动、生物实验素材、学生原有的知识及社会热点问题等6条情境设置途径设置问题情境，能使学生产生良好的情绪，激发学生的学习兴趣并引起学生更多的联想，也比较容易调动起学生已有的知识、经验，使学生产生兴趣并引导他们提出问题，在解决问题的求知欲驱使下，不断探索，完成解答过程，形成新的认知结构。

（二）教师采用"问题导学法"实施教学，创设问题时应遵循准确性原则、全面性原则、针对性原则、适度性原则及预见性原则

1. 准确性原则

准确性原则的理论依据是建构主义学习理论。建构主义认为，人们理解任何概念取决于它们对那个概念的心理建构，它是一个教师引导学生进行概念获得的过程，其问题创设的基点要准确，要落在课程目标要求理解或掌握的地方。此原则适用于教师对学生概念学习的反馈检查中。如复习"生物圈中的人"这一主题内容时，它主要讲述人吸收的营养物质需要经循环系统运

送到身体的各种组织、器官，而人体产生的废物也需通过循环系统、呼吸系统和泌尿系统等协调活动排出体外。由于人的各种活动受神经系统和内分泌系统的调节，教师在复习时先让学生复述八大系统各自的作用，然后提出有关消化系统的问题："当营养物质在小肠被吸收时，是被什么结构吸收？吸收的营养物质又会去到哪？"这个问题使学生的思考停留在"营养物质是通过毛细血管进入血液"这个知识点上。接着提出第二个问题："血液循环系统又将这些营养物质运输到哪里去？获取的氧气又是谁运输的，最终运到哪里？"其主要目的是让学生意识到循环系统和呼吸系统的相互联系。接着再追问："这些物质都聚在一起，又会发生什么呢？产生的废物又是怎样排出体外的呢？"这一系列问题的知识点都落在同一点上，很容易就将人体八大系统联系在一起，学生也很自然地掌握了人体各个系统是相互联系、相互协调的。当学生主动地建构自己理解的同时，也就完成了八大系统共同完成生命活动这一重要概念的学习。

2. 全面性原则

全面性原则的理论依据是《生物学课程标准》提出的面向全体学生的理念，要求所有中学生在教师的帮助下，通过自身的努力都可以得到有效发展。此原则实施的关键是问题所涉及的知识要普遍，要注意对不同层面的学生问不同的问题。心理学研究表明，人们在接收外界信息时有快智型和慢智型两种类型。因此，在设计问题时，教师要提出不同层次要求的问题，满足不同学生的认知需求，使不同类型的学生都学有所得，力争做到每个学生都处于积极向上的学习状态。如在学习"种子的成分"这节内容时，教师在做演示实验时可先提一个问题："请同学们注意观察老师做的实验，你看到了什么现象？"——只要认真看老师做实验的学生都能回答。接着再问："为什么会出现这种现象？"最后再问："此实验能证明什么？你在日常生活中还见过类似现象吗？"这样提问的过程是先面向最基础的学生，再逐步提升难度，发现并利用他们知识和能力上的缺陷，把问题展开并进行讨论。根据不同学生的理解程度设置问题，会让每个学生都有思考回答的机会，这充分实现了面向全体学生教学的课程理念。

3. 针对性原则

针对性原则要求围绕教学目标，选好问题的切入角度，针对学生的实际情况和教材的重点、难点来进行设计。它要根据学生的知识经验、认识规律等因素来设计，而且提问的内容要符合学生的年龄特点、接受能力。如在讲述"微生物与人类的关系"这一课时,先让学生列举微生物参与人类生活和健康方面的实例,运用这些实例导入本节课的学习主题后,再启发学生思考微生物与食品、微生物与人类健康有着哪些极为密切的关系,从而让学生认识到微生物可以用于食品加工、制药,以及使人感染疾病等。教师从设置问题、创设学习活动的内部条件开始去激发学生对新的未知知识的认识需要,形成学生真正的、内部的认识动机,以间接方式影响学生的学习过程。

4. 适度性原则

适度性原则的理论依据是苏联著名心理学家维果茨基对人的发展水平的分类。他把人的发展水平分为两种:一是人们业已达到的发展水平,即人的"现有发展区";二是正在形成而尚未形成的发展水平,即"最近发展区"。这种潜在水平和现有水平的矛盾,成为推动人们身心发展的动力。因此,我们对同一个知识点的问题设置要有梯度,难易适当。例如在讲述"细胞通过分裂而增殖"这节内容时,教材安排了"研究细胞体积与表面积的关系"这一模拟实验。如果一上课就直接问学生"细胞体积与表面积有什么关系",学生会感觉很突然,不知从什么方向来回答这个问题。所以,应设计几个分层推进、步步深入的问题,如:细胞为什么这么小?人体的细胞能不能像人一样生长,长得和我们一样大呢?(学生笑,这是不可能的。)这与细胞的生活有关系吗?(小组合作讨论。)这样逐步设问,可促使学生从"现有发展区"向"最近发展区"发展,学生通过自己的努力可以掌握新知识。或者在教学过程中由教师提出某个问题,接着便告诉学生答案,但问题与答案之间的联系并不是显而易见的,学生自然就会产生问题,引起思考。"学源于思,思源于疑。小疑则小进,大疑则大进。""思"是学习的重要方法,"疑"是启迪思维的钥匙,学必有疑。例如讲"基因"这个知识点时,可以先设问:"父母双方都是双眼皮,他们会不会有个单眼皮的孩子?"学生顿时议论纷纷。此时公布答案:"可能有单眼皮的孩子的。"这样就诱导学生产生疑问:为什么孩子没有遗传父母的性状?教师此时抓住时机,引导学生分析讨论,将问题引向深入。这种方式使学生相互启发,从而培养了学生的主体意识,同时及时提供了反馈信息,弥补教学不足,做到教学相长。

5. 预见性原则

预见性原则对教师的要求最高,教师应根据课程标准确定核心内容,根据实际情况、学生的接受能力来设置问题。此原则多用于探究实验课中。例如七年级上册第一节"探究影响鼠妇分布的环境因素",课程标准的要求是学生初步学会生物科学探究的一般方法，发展学生"提出问题—做出假设—制订计划—实施计划—得出结论—表达和交流"的科学探究能力。但在一节课的时间内将所有内容都让学生掌握是不可能的，这就要求教师要在教学过程中，紧扣抽象理论，补充典型实例，经过具体分析，再上升到理论的高度，加深学生对探究实验的理解和掌握。做这个实验时，教师首先要引导学生对这个环境因素做出假设，但学生的答案可能五花八门，也可能没有回答到教师要求的点上，这时教师就要对"什么知识内容应重点讲解、什么内容可以略讲、什么内容可以点到即止"做到心中有数，有效控制课堂时间，从而为接下来的实验结果分析、交流留下充足的时间。否则这节课学生只是模拟了实验，并没有真正体验到探究实验的过程。

（三）教师采用"问题导学法"实施教学，有效的策略是"问题导学法"中正确创设问题的保证

在采用"问题导学法"进行教学的过程中，创设问题应围绕实现某一个教学目标，从引导学生产生问题意识到学生创设问题的过程均应制定、采用若干对应的策略，才能保证最终实现教学目标。以下是以韶关市曲江区曲江中学江剑东老师、韶关市第九中学黄昌盛老师为主经实践研究所归纳总结的4种有效策略。

1. 问题意识策略

问题意识策略是"问题导学法"创设问题最主动、最活跃的策略。问题意识指学生在认识活动中怀疑、焦虑、探究的心理状态，这种心理状态驱使学生积极思考，不断提出问题并解决问题。提高学生的问题意识，能让学生在遇到新的生物学情境时立即意识到问题所在，且愿意去向老师或同学提出问题并试图解决问题。培养学生的问题意识主要有以下2种策略。

（1）创造民主氛围，鼓励学生发问。人天生具有好奇心，好奇是问题意识的种子。在日常教学中，教师要有意识地让这颗种子获得充足的营养，进而生根发芽。所以日常教学过程中，要充分体现"面向全体学生"的新课程理念，对于提问的学生要给予及时的鼓励和表扬。对于学生提出的不明确的问题，教师要引导学生一起思考，反思提问的方法及修正问题的角度，这是提高问题意识的有效手段。

（2）教给学生发现问题的方法和技巧。质疑的方法很多，通常有以下4种。一是因果质疑法。如手触含羞草，其叶片合拢了，这是应激性的表现，而手触仙人掌却没有反应。是否有的生物有应激性，而有的生物没有应激性呢？二是比较质疑法。如植物组织培养的培养基中是加入蔗糖作为能源，而动物细胞的培养为什么以葡萄糖作为能源呢？三是推广质疑法。如糖尿病是因为血糖浓度过高所致，可通过注射胰岛素进行治疗，那么对于低血糖病人为什么不用注射胰高血糖素的方法进行治疗呢？四是反问质疑法。如长期较多地摄入高胆固醇食物是高血脂、高血压发生的主要原因，那么人体没有胆固醇的话，能不能维持正常的代谢呢？

2. 情境化、生活化策略

生物学教学的情境可以来源于一个事件，一个演示实验，也可以是生活常识，形式多样，资源广泛。教师在创设问题情境时，要根据教学目标和教学内容，从学生的认知水平和社会实际出发，将学生已有的知识经验与将要学习的知识联系起来，精心设计可以进行实验探究活动的问题。具体策略如下。

（1）从生物学实验中挖掘问题。生物学是以实验为基础的科学。演示实验和探究实验中，从实验原理的剖析、实验步骤的亲身体验，以及实验现象的观察分析，都能挖掘出很多的提问素材。例如进行学生实验"质壁分离和复原"时，在学生观察到质壁分离和复原现象，理解了渗透作用原理之后，可创设如下问题，进一步探究知识：为什么要选用紫色的洋葱表皮细胞，用白色的洋葱可以吗？用洋葱的根尖的生长点细胞做材料行吗？当蔗糖溶液的浓度提高到50%时，放入清水中后是否会发生质壁分离的复原现象？随后，引导学生进行观察、思考、讨论，使学生始终处于积极探索状态，从而顺利地得出结论。接着，教师不失时机地把问题情境的难度提高：如果把洋葱表皮细胞浸入5%的NaCl溶液中，会发生什么现象？在学生观察到与蔗糖溶液中的不同现象（质壁分离后自动复原）后，与学生共同分析找出原因。在共同的探索和求知过程中，学生始终保持情绪高涨的状态。

（2）从生活中发现问题。生物来源于生活，生活中有很多实例都是很好的生物教学案例，用于创设问题情境，会使学生觉得具体、亲切，能激发学生积极主动地思考。例如在学习"降低反应活化能的酶"时，笔者以生活中常见的加酶洗衣粉为载体设置一系列问题，将学生引入酶的学习中：①加酶洗衣粉中一般含有蛋白酶，这种洗衣粉为什么能够很好地除去衣物上的奶渍和血渍？②使用这种洗衣粉为什么要用温水？③含有蛋白酶的洗衣粉不宜用来洗涤下列哪些衣料？（A. 化纤　B. 纯毛　C. 纯棉　D. 真丝）④为了更好地除去衣物上的油渍，在洗衣粉中还可加入什么酶？这些问题的分析、解答，不仅能快速将学生引入酶的学习，而且令学生在轻松快乐的氛围中学习了酶的专一性、酶发挥催化作用需要适宜的条件等知识。

（3）结合认知冲突，激发学生提问。在课堂上可以利用学生认知的不平衡性来创设问题情境，把学生的思维引到矛盾焦点上，使学生处于思维矛盾状态，在冲突中分析和比较必然能发现新问题。例如在学完"内环境组成成分（之二）"后学习其理化性质时，提出问题：某学生刚刚跑完 3 000 m，但是他的血浆中的乳酸量却不高，原因是什么呢？这给学生带来了明显的认知冲突。有了矛盾，才会产生强烈的解决矛盾的需要，学习就成了一种兴趣的延伸。

3. 模糊化策略

在课堂上创设问题时，创设的问题情境要注重开放性和发散性。问题的设计要紧紧围绕教学目标，使教学互动不偏离主题，既能让学生有东西可说，又要给学生的思维创造留下充分的空间。例如"将线粒体置于蒸馏水中是否容易胀破"这一问题，牵涉到了多个内容，如物质的跨膜运输、渗透吸水原理、线粒体的结构和功能特征等，在问题解决过程中都能相应地得到复习和掌握。

4. 科学性、渐进性策略

问题创设的首要要求是科学性，设计的问题应科学、简洁，问题本身不应该有歧义。其次，问题设置应有一定的梯度，按高考知识点 A、B、C 层次的要求设置。这样不同层次的学生都能参与进来，有利于活跃讨论的气氛。课堂上，一个"跳一跳才能摘到果实"式的问题可以驱动学生产生探究欲望。例如在讲授细胞呼吸的内容时，可创设"一骑红尘妃子笑，无人知是荔枝来"，这句诗说明荔枝具有什么样的特点？根据细胞呼吸的条件如何延长其储藏时间？这些问题既能唤起学生强烈的疑问，又能学以致用，让学生体会到生物学知识在实践中的应用价值。

（四）教师采用"问题导学法"实施教学，选用适合的教学模式能够收到良好的教学效果

以初中的教学为例，常用的教学模式如图 2-2-2 所示。

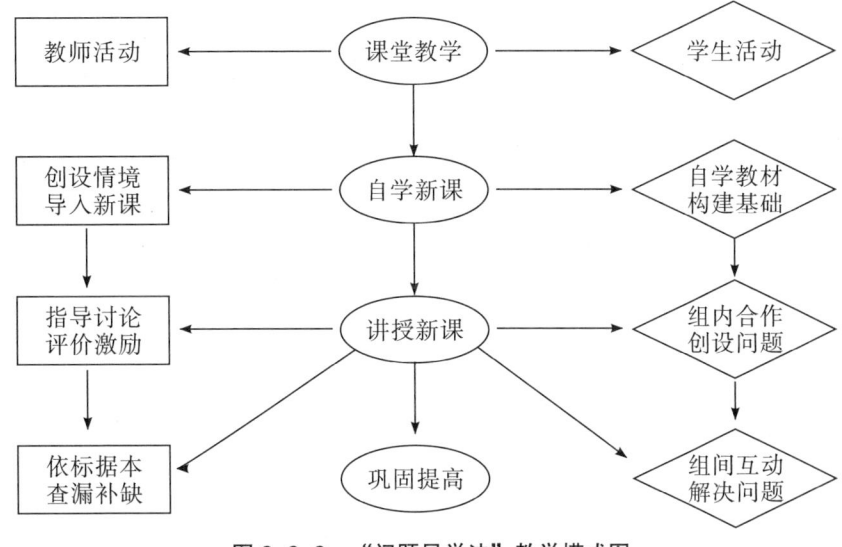

图 2-2-2 "问题导学法"教学模式图

创设情境,进入创设问题的"热身阶段"——创设问题是在一定的情境中进行的,良好的情境能使人产生良好的情绪,良好的情绪使人反应敏捷,思路开阔。生动有趣的情境能调动学生的学习兴趣,使学生的积极情绪变为学习的动机和力量,激发学生的求知欲。教师在设计教学方案时,应该根据教学内容选择合理的教学导入方式,尽快将学生带入创设问题的热身阶段。

自学教材,构建创设问题的"知识基础"——在新课导入之后,明确要求学生根据新课程标准的具体要求自学课文,时间大约是 4 分钟,看看其能否在不需要教师的指点下第一次学习新课,领悟教材的内容。学生基于自己的理解,在此环节中获取了一定的感性认识,为构建自己的知识体系获得了原始资料,也为创设问题奠定了"知识基础"。

小组合作,创设问题、解决问题——在实验班级里科学搭配,建立创设问题的"学习团队"。笔者根据学生的学习成绩、性别、思想状况、特长等把全班同学分成 14 个四人学习小组,小组成员分工明确,设小组长、资料收集员、汇报人、计时员等,责任到位,做到人人有事做。在座位安排上,四人学习小组凡是上生物课都按照笔者编的小组坐在一起。为了提高四人学习小组的合作学习效果,笔者精心培育小组长,要求小组长在课堂上做好组织工作,在规定的教学模式内创设一定的问题,还要对每位组员的课堂表现给予一定的评价。经过长期的努力,师生、生生之间的配合越来越好,逐渐形成了教师主导下,学生合作学习小组组内分工合作、组间竞争的良好氛围,

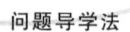

学生在此环境中创设了一个又一个"问题"。

依"标"据本，查漏补缺——七年级的学生能够进行更深刻的分析，判断因果联系，理解主要的、基本的、占主导地位的原因。他们的思维的批判性有所发展，要求更有根据的解释和证明，以揭示出所研究现象的固有规律。但是，他们受自己知识和能力发展的局限性的影响，通过学习小组所创设和解决的问题，不可避免地存在一定的局限性。基于以上不足，教师还应依据新课标对教材进行研究，结合学生所创设的问题进行必要的补充，让学生在构建自己的知识体系时，由自主探索的感性阶段上升到教师主导下的理性阶段。

（五）教师采用"问题导学法"实施教学，有效利用导学案进行生物概念教学，能够明显提高学生创设问题、解决问题等方面的能力

能否有效地利用导学案进行生物概念教学的关键是导学案的设计，而如何把教学内容转化为有价值的、值得探究的、有多种解决方法的生命科学问题却又是导学案设计中的重中之重。韶关市一中实验学校谢继生老师的《初中生物导学案中问题导学的研究》表明，在初中生物新授课、复习课、实验课等不同课型的教学中，教师采用类比型导问、对比型导问、自主型导问、常识型导问、"点—线—面"型导问以及归纳型导问等方式，让导学案知识问题化，问题层次化，积极引导学生对导学案中的问题进行分析、推理、判断，再提出问题，并能针对各种概念的内涵与外延，分析概念与概念之间的联系，归纳总结并自主构建概念体系，从而在帮助学生构建概念的同时，有效提高学生创设问题、解决问题等方面的能力。

实例2：中学生物教学中"问题"的创设及解决策略[①]

一、前言

（一）研究目标

落实《普通高中生物课程标准（实验）》课程理念和三维目标，在生物课堂教学过程中转变教师的教学方式和学生的学习方式，提高生物课堂教学水平和质量。

（1）通过研究形成中学生物教材各模块优质问题库、导学案、优秀教学设计，初步构建问题导学的课堂教学模式。

（2）通过"问题导学法"的实施，使学生知识、技能、学习态度和能力等得到同步发展，特别是在创新意识和运用知识解决问题能力方面有明显的成效。

（3）通过研究提高教师"问题导学法"的设计和实施能力，更新教师的教育观念，提高教学技能。

（二）研究内容

本课题研究内容包括：探索中学生物教学中问题创设的多种途径；研究引导学生解决问题的方法；评估问题导学对激发学生学习兴趣和提高学习效率的作用；生物学"问题导学法"教学模式的构建与实践意义。

二、方法

本课题综合运用了文献研究法、行动研究法、个案分析法、调查研究法等多种实验方法。

1. 文献研究法

文献研究法即通过广泛吸收和借鉴国内外先进的教育理论和教学经验，为"问题导学法"提供理论支撑，实现教师观念、行为方式的转变和提升。

[①] 课题主持人：李程祯。课题组成员：郑素梅、黄汝燕、曾爱娟、许正华、宋大友、黄应国、黄瑞登、居振宇、雷俊杰、何计兴、谢晓冰、叶海英、陈定光、黄应玲、赖干朋。

2. 行动研究法

行动研究法即坚持理论联系实际，强调研究的探究性和操作性，坚持边实践、边探索、边研究、边总结，立足于每一堂课、每一位学生，不断反思，超越自我，并做到总结成果和推广运用相结合。

3. 个案分析法

个案分析法即收集典型课例、教学中的典型细节及学生个体研究案例，从中发现和提炼科学有效的措施并推广应用。

4. 调查研究法

调查研究法主要通过观察、问卷、测量等方法进行。

三、结果

课题研究，犹如一股清新的风吹进了我们的课堂，改变了传统课堂的教学结构和教学模式，给我们的课堂带来了生机和活力，我们的收获也是多方面的。

（一）探索出"问题导学法"问题创设的多种途径

1. 利用教材中的课程资源创设问题

高中生物课标新教材的"问题探讨"，编写在每一节课的开始，围绕本节课的核心内容而展开，通常由图片、知识背景和讨论问题构成。探讨中的问题，多以生物学事实和现象出现，与生产生活密切相关；有些是以一部电影、故事，或者某项活动开始；有些内容是科学家的研究方法和过程，要求学生总结和体会。在实际教学中，教师普遍科学运用教材中的"问题探讨"栏目，有的直接作为课堂教学导入，有的用作教学过程中的探究问题，这些问题能起到较好的课堂指导作用。

2. 联系生活知识创设问题

现实生活是创设问题最重要的来源，高中学生有一定的生活经验，对社会热点问题比较感兴趣，教学中联系与生物学有关的现实生活问题，让学生运用所学生物学知识去分析、理解、表达个人的见解，可以使整节课焕发出生机。例如，在人教版《生物3》第一章"细胞生活的环境"一节，教师设计如下问题：手指直接暴露在空气中，手指皮肤表皮细胞能从空气中直接吸收氧气吗？我们洗手的时候，手指皮肤细胞能直接吸收水吗？这些问题的提出，极大地提高了学生的兴趣和讨论欲望。学生通过展示、辩论、分析过程和原因，最终得出结论：氧气和水等物质必须通过内环境才能吸收；人体细胞通过氧气和水的吸收过程，构建与外界环境的物质交换模型。就这样，一节课的主要内容通过这一中心问题的讨论得以解决，整节课充满活力和生机。

3. 利用课堂生成性资源衍生问题

生成性是新课程课堂教学区别于传统教学的重要特征。生成是指课堂教学过程中，在教师与学生、学生与学生的合作、对话、碰撞中，生成教师原计划中所没有的新问题、新情况。这些新问题、新情况因教师的不同处理而呈现出不同的价值，使新课堂生机勃勃、精彩纷呈。课堂上学生一句无心的话、一道错题、一个突发的念头都可能成为新的课堂资源。课堂因为有了动态生成性资源而活跃，教学因为有了动态生成性资源而充满生命的灵性，师生因为有了动态生成性资源而成长。这些课堂动态生成的资源是珍贵的隐性课程资源，而且，建立在这种隐性课程资源上的教学，往往最切合学生的最近发展区，更有利于学生迅速掌握新知识。例如，人教版《生物必修3》第三章"植物生长素的发现"一节，课堂上学生提出了"为什么单侧光会引起胚芽鞘尖端的生长素分布不均匀"这个问题。教师利用一组对照实验让学生研究：①胚芽鞘不照单侧光直立生长；②胚芽鞘照单侧光向光弯曲生长；③切去尖端，胚芽鞘停止生长；④在切去尖端的胚芽鞘上面放含生长素的琼脂块，胚芽鞘直立生长；⑤在切去尖端的胚芽鞘上面放含生长素的琼脂块，然后照单侧光，胚芽鞘直立生长。通过讨论分析，问题集中在胚芽鞘尖端和琼脂块为何对单侧光的刺激反应不同。教师因势利导，解释胚芽鞘尖端在单侧光照射下可能会产生电场，生长素可定向移动，因此分布不均匀，而琼脂块在单侧光照射下不能产生电场，问题也就迎刃而解了。

4. 运用生物学中的经典实验设置问题

在生物学的教材中有许多经典实验，教师们可以利用这些实验设置问题。例如，在"证明DNA是遗传物质"的教学中，利用课本编排的3个实验（格里菲斯的肺炎双球菌转化实验、艾弗里的转化实验和噬菌体侵染细菌的实验）设计问题串引导学生思考：为什么加热杀死的S型细菌能使R型活菌转化为S型活菌？什么东西在转化实验中起作用？如果你做该实验应如何去设计？

艾弗里设计的关键是什么？有不足的地方吗？噬菌体侵染实验中为什么用 ^{35}S 标记蛋白质，用 ^{32}P 标记DNA？用 ^{35}S 标记的一组放射性元素主要分布在上层，^{32}P 分布在沉淀物中，说明了什么？进入细菌体内的是蛋白质外壳还是DNA？遗传物质是什么？DNA是唯一的遗传物质吗？你认为在证明DNA是遗传物质的系列实验中最关键的设计思路是什么？整个分析过程中一个问题紧扣着一个问题，通过学生讨论和教师的引导，最终得出实验结论。因此，采取"问题导学法"进行教学，可使学生在学习过程中深刻体会科学家的思维过程，能够对自己的推论做出评价，对培养学生思维的深刻性、独创性都是很有帮助的。

5. 通过实验演示或实践操作创设问题

通过实验演示或实践操作创设问题情境，能激发学生的求知欲，使学生在学习过程中深刻体会实验设计的缜密性，对培养学生思维的深刻性、独创性都是很有帮助的。

6. 利用课外活动创设问题

教师精心设计有问题价值的课外活动方案，让学生在活动中自行设计问题并找出解决问题的方法。例如，在"红树林生态调查"的活动课中，教师可让学习小组根据课前教师布置的预习任务，进行一系列问题的设计，例如，红树林在生态环境中起什么作用？红树林生长环境面临破坏的原因有哪些？红树林的生长有什么特性？我们应该怎样保护好红树林？等等。学生通过小组分工合作，每个组员各自完成问题，最后由小组长综合，通过对比、点评、建议、评价等，既感受到成功的喜悦，找出自己的不足，又掌握了知识，使自己真正成为学习的主人。

（二）建构了"问题导学法"生物课堂的教学模式

"问题导学法"课堂教学模式有别于传统的课堂教学模式，它是以教师的"引导"为手段，以学生的"自学"为目标，提倡"以问导学，以学代讲，以教促学，教学相长"的教学思想。它不仅关注知识的传授与掌握，更重视学生综合能力的培养。这不仅能使课堂教学过程更科学、教学结构更优化，而且能激发学生学习的积极性和主动性，能有效地培养学生的能力，全面提高学生的综合素质。其基本模式如表2-2-1所示。

表 2-2-1 粤西地区"问题导学法"教学模式

教学环节	创设情境	质疑导学	展示交流	精准指导	达标评价
教师活动	展示目标，激发兴趣	导读质疑，个别指导	引导交流，发现问题	启发点拨，反馈矫正	主导评价，延伸迁移
学生活动	明确目标，激发兴趣	自主学习，读疑解疑	展示交流，相互学习	提高创新，形成能力	尝试运用，体验成功

1. 创设情境

创设情境是基础环节，学生的学习兴趣和学习动机在这里形成。教师在进行该环节的设置之前，要认真研究课程标准和教材，根据教学内容的重点、难点确定学习目标和学习方法，从学生已有的知识经验出发，联系生产、生活实际，有意识地将学生引导到新课所要解决的一系列问题中。

2. 质疑导学

质疑导学环节是教学的重点环节，学生的知识结构和学习能力就是在探究学习过程中形成的。在学生学习兴趣比较浓厚的情况下，可让学生根据导学提纲进行学习。提纲分两部分：第一部分是自学提纲，主要是列出新课中的知识点及要求对每个知识点的掌握程度，引导学生有目的、有侧重点地自学。第二部分是讨论提纲，主要是针对新课中的重难点提些问题，让学生讨论，加深理解，其中所列问题必须要有目的性、计划性、层次性和启发性。在学生自学阶段，教师应随时了解学生在学习过程中出现的各种问题，对个别学生可进行短暂的个别指导。同时，在学生自学过程中，教师应在学习时间上给予绝对保证，绝不能走马观花。

3. 展示交流

由于不同学生有着不同的解决问题的方法，可能存在着不同的问题，所以本课题设计了讨论交流的教学环节。在学生交流时，教师对回答较好的学生予以肯定；对回答有困难的学生予以指导；即使学生回答错误，教师也应给予鼓励，以免扑灭学生的智慧火花，阻碍创造性思维能力的发展。在学生交流时，教师要有意识地倾听学生的表达，发现学生的不足和新的问题，找准问题的突破口。在这个过程中，教师只起组织者、引导者的作用，切不可包办代替，也不能急于求成，要充分地相信学生，充分调动学生的积极性，

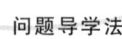

让学生通过自己的努力去获取知识，并逐步形成能力，同时让学生体验成功的快乐。

4. 精准指导

在进行了前面的教学活动之后，教师要对学生所学知识进行归纳总结、反馈。学生自学获得的知识往往不系统、不全面，需要教师的讲解和点化。教师的讲解过程不是以一言堂和满堂灌的方式进行，而是以精辟的语言进行精讲，有针对性地点化知识要点、指导学习方法、诱导解决问题的思路，讲解时要详略得当，重点突出。通过教师的讲解，学生体会知识的内涵，形成知识结构，学会思考的方法，并在教师的辅导下尝试用已学会的知识和技能去分析和解决问题。

5. 达标评价

为了检查学生的学习效果，给学生享受成功的机会，教师可让学生限时完成达标测试题。巩固提升的练习题应少而精，教师应根据教学内容的需要有目的地训练。习题的设置应突出基础性、针对性和适时性。教师还应对完成情况及时评价，对完成较好的学生给予肯定和鼓励，让学生体验成功的快乐，增强学习信心；而学生存在的疑难问题可以作为新的教学内容让学生思考，作为下节课的引入。达标训练是课堂练习的延伸，可以开拓学生视野，提高学生分析和解决问题的能力，使知识层次完成由感性认识向理性认识的飞跃，为进行下一节新知识的学习埋下伏笔。值得注意的是，教师对学生的评价不应只是放在学会知识上，还应注重对学生解决问题的方法和学生综合能力的评价。评价的内容包括：对知识的理解、掌握和应用能力，自主学习能力，学生之间的相互协作能力，问题解决能力，创新能力。

"问题导学法"课堂教学模式可用于一节课，也可以用于解决某个核心问题的教学环节。近年来，"问题导学法"这一课堂教学模式已成为教学常态，课堂上师生的交流机会增加了，教师在教学上比以前更加重启发、重过程、重方法、重鼓励。学生说得多，参与得多，气氛活跃，学生的思维得到锻炼，三维目标得到较好的体现。

（三）运用"问题导学法"，提高了学生的科学素养

本课题尽管侧重于生物教学中问题的创设和解决策略，实质上是对新课程理念以及新的教学模式的全方位、多角度的实践。"以学生的发展为本，提高学生的素养"依然是本课题研究的理念，也是本课题研究的最终目的。

调查显示，本课题研究全面实施以来，学生改变较大的有如下几个方面：学生的兴趣、问题意识、学生间主动交流和讨论的机会、自主学习的能力和表达独特见解的次数、学生质疑与创新能力、发现和探究问题的能力以及搜集和处理信息的能力明显提高。大多数教师反映，学生的学习方式有了转变，课堂上更喜欢对问题进行讨论；学生更加乐于与善于表达观点，展现自我；学生交流机会增多了，视野扩大了，能力提高了，整体素质得到提高。

本课题实施以来，学生的学习能力有了较大的提升，学业成绩进步较大，特别是在生物学竞赛中连年取得优异成绩，获奖人数逐年增加。

（四）研究"问题导学法"，提升了教师的科研能力

参与课题研究的教师教育教学理念得到了较大的转变，研究学习氛围更加浓郁，专业成长明显加速，综合素质有不同程度的提升，同时，教学反思意识和合作教研能力得到提高，并在教学实践中内化课改理念。

教师在课题研究中得到各种锻炼机会。课题研究使教师们获得更多的教学观摩、参观考察、课程开发和交流分享的机会，教师的研究风气和学习氛围更加浓郁，他们在课题研究中得到各种锻炼，丰富了自身的专业体验。不少教师可以跳出具体的教学细节，在对课堂的整体把握上有明显的进步。同时，课题研究也提高了教师获取信息的能力，他们常常通过互联网进行讨论、交流、分享，并将先进、成功的做法运用到教学实践当中。

教师的教学能力也有了很大的提高。本课题为教师成长提供了一个平台，教师在研究过程中注重进行教学改革，教育教学效果显著，得到学生的认可、同事的好评、领导的肯定。如课题组成员郑素梅老师多次荣获阳江市阳西县高考辅导优秀任课教师奖，是阳西县首批拔尖技术人才；宋大友老师上课善于创设问题情境，激发学生思维，教学效果好，获得2013年阳西高考辅导优秀任课教师奖；黄应国、雷俊杰二位老师分别获得阳江市2014年教书育人一等奖和二等奖；许正华老师上课思路清晰，重点突出，特别是她很有激情，师生互动效果很好，2015年在阳江市高中生物教学交流活动中运用"问题导学法"进行示范授课，得到同行的高度赞许。

近年来，课题组教师积极撰写教学总结和论文，课题组成员有两篇论文在教育教学刊物上发表，部分论文获得省市奖励，见表2-2-2。

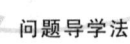

表 2-2-2　课题组教师部分论文获奖情况

成果名称	作者	获奖等级或发表期刊
"问题导学法"在生物教学中的几点思考	李程祯	省一等奖
问题导学法在高中生物教学中的应用	郑素梅	省一等奖
如何在生物活动课中实施"问题导学法"	黄瑞登	省二等奖
高中生物教学中问题情境的创设	李亚平	省二等奖
立足教材资源，开展问题导学	郑素梅	省二等奖
"问题导学法"在生物课堂教学中的应用	王元芳	省二等奖
"问题导学法"提高生物学课堂学习效度初探	冯艳环	省二等奖
高中新课程生物课堂教学问题情境的创设	吴洁嫦	省二等奖
浅谈生物教学中"问题"的设置	宋大友	省二等奖
浅谈问题导学法在生物教学上的实施	黄应国	省三等奖
浅谈问题导学法在生物课堂教学中的研究与实践	宋大友	省三等奖
基于高中生物选修三教学实践的"问题"分析	卢平	省三等奖
生物课堂问题情境的创设初探	许正华	省三等奖
"问题导学法"在心理学上的研究	曾爱娟	省三等奖
生物高效课堂中"提问艺术"初探	李鹏	省三等奖
浅谈"问题导学法"在植物生长素的发现和应用	冯月美	市一等奖
探究元认知对"问题导学法"的影响	曾爱娟	市一等奖
科学设置"问题"，增强"导学"效能	黄汝燕	市一等奖
生物教学中问题创设途径的研究	叶海英	市二等奖
对高中生物教材"问题探讨"运用的探究	何计兴	市二等奖
浅谈"问题导学法"在高中生物教学中的应用	李程祯	课程教育研究
创设问题情境，培养学生思维能力	郑素梅	广东教学研究

四、讨论

基于人力、物力和区域的限制，我们的研究还有很多局限性，存在许多不足之处，具体表现在以下 5 个方面。

第一，我们的研究虽然取得了一些共识，找到了大致的规律，但还不够深入，大多数教师集中对问题创设的途径进行研究，而对解决问题策略的研究还很少。

第二，创设问题是"问题导学法"的基础，但在问题的设计上比较单一，缺乏多样性，难以适应不同层次的学生，未能达到预期的效果，问题设置的难度、广度、梯度都有待改进。

第三，在问题导学过程中，有些教师还流于教师问学生答的单调形式；有些教师为了课堂的完整性，没有给学生充分的思考时间和机会，急于破解问题，未能达到拓展学生思维的目的。

第四，在课堂教学中，学生思考问题的同时伴随着新问题的产生，而课堂时间是有限的，无法把每一个问题都解决或进一步探讨。

第五，课题研究主要集中于定性研究和分析，课题实施对教学的影响未能通过定量分析得出准确结论。

五、结论

本研究是根据目前高中生物课堂教学的现状和普遍存在的问题，探索教师如何根据课程目标，针对教材的重点、难点及学生原有的认知结构来精心设计问题，给学生创设特定的问题情境，构建适合学生主体特征的高中生物问题导学的教学模式，让学生学会发现问题、探索问题，培养良好的问题意识，培养学生自主探究、自主学习的良好学习品质，进一步提高学生的学业成绩和科学素养，具有较强的理论指导意义和推广应用价值。

第一，探索出"问题导学法"问题创设的多种途径。教师通过问题的设计与应用，激发学生学习的兴趣，使学生的知识、技能和自主学习能力得到同步发展，特别是在学习方式、创新意识和运用知识解决问题能力方面有明显的提升。

第二，构建了"问题导学法"生物课堂的教学模式。本课题研究探索出解决问题的重要方法和途径，形成解决高中生物学科问题的重要教学策略和具体操作方式，有效提高了课堂教学效率。

第三，提高了教师"问题导学法"的教学设计和实施能力，更新教师的教育观念，使其学会在实践中进行研究反思，促进专业发展。

第四，汇编了基于"问题导学法"高中生物的"导学案"。本课题研究期间编写的一批典型的具有校本特色的教学案例，成为阳江市提高中学生物教学质量的重要手段和宝贵资源。

第五，组织了基于"问题导学法"现场课例的教学交流，在全市起到良好的辐射推广作用，并带动其他学科组开展课题研究，体现科研的应用价值和带动作用。

随着研究的深入，课题组深深感受到，这一课题还有许多有研究价值的东西，如针对高中生物教材各章节开发出系统课例。目前，我们只是搜集到部分案例，今后将继续把课题研究深化，力争开发出高中生物全套高质量的课例，并整合其他子课题的研究成果，拓宽思路，大胆创新，进一步完善"问题导学法"研究薄弱环节，使课题研究成果更加系统全面，为教育教学服务，促进教学质量的提高。

第三章 问题导学法：师导生学

课题主持人杨计明依据"生物学'问题导学法'教学研究"总课题界定的"问题导学法"核心概念，即"在系统科学理论、建构主义理论、多元智力理论指导下，把教学内容转化为有价值的、值得探究的、有多种解决方法的生命科学问题，在教师的引导、疏导、辅导下，创造条件让学生自主、探究、合作学习"，对总课题实施思辨研究、行动研究和实证研究，指导开展"导学类"子课题研究和精准点研究。本章分述实践师导生学的"问题导学法"2个实例。

实例1：生物学"问题导学法"中"导"与"学"的理论与实践研究[①]

一、前言

（一）研究目标

1. 理论方面

在前人研究的基础上，结合现有中学生物教学方法对"问题导学法"教学中"导"与"学"的过程进行调查研究；深入探讨"问题导学法"教学的优点及需要改进的地方，将先进的教学理念渗透到教学过程中；创新"问题导学法"教学模式，建立完善的"导"与"学"的评价体系，并将其作为专业化标准应用于生物教学领域；总结生物学"问题导学法"实践模式的感性经验成果，为提炼生物学"问题导学法"理论模型的理性研究成果提供参考。

[①] 课题主持人：何惠文。课题组成员：彭商治、郭峰、瞿兰英、任翔、王忠猛、张胜、李星光、贺刚、吴刚毅。

2. 实践方面

选取中考成绩等条件相当、男女比例相同的班级进行对照组织教学，分别采用常规教学与"问题导学法"教学进行实验研究，总结规范化、专业化的课程教学体系；将总结出的问题导学法的教学手段、方法体系在同年级进行应用完善；随着教学进程的推进，中学生物教学中教师的"导"要越来越少，而学生的"学"要越来越多，充分发挥学生学习的主观能动性；注重落实《义务教育生物学课程标准（2011年版）》《普通高中生物课程标准（实验）》的四大课程理念和三维目标，同时注重在生物课堂教学过程中教师教学方式和学生学习方式的转变，提高生物课堂教学水平和质量。

（二）研究内容

1. 研究"问题导学法"的教学模式

形成生物学科"问题导学法"中"导"与"学"的多种策略和具体操作方式，深入探讨问题的来源和导的技巧，为完善高中生物新课程提供一种有效的教学方式和成功经验。

2. 研究"问题导学法"的基本环节

提高生物教师"导"与"学"教学手段的设计和实施能力，更新生物教师的教育观念，令其学会在生物课堂教学实践中进行研究反思，将开启思维的钥匙交给学生。

3. 研究"问题解决"的教学策略

如问题链的生成与问题训练，创设问题情境的目的与类型，基础概念问题导学的策略等。

4. 研究"导"与"学"的基本方法

在生物课堂教学中把握好"导"与"学"的过程，传授"学"的方法技巧，使学生的生物学知识、技能、学习态度及能力得到同步发展。优化"导"与"学"的过程，激发学生的学习潜能，学生在生物学创新意识和运用生物学知识解决问题能力方面有明显的成效。

5. 研究"问题导学法"的应用效果

通过实验研究，进一步论证所使用的"导"与"学"方法的适用性。如问题导学法在生物探究学习中的应用，多媒体技术在问题情境创设中的应用研究等。

二、方法

1. 行动研究法

制定个性研究方案，对现有生物课堂教学模式进行调研，设定研究假设，分年级或班级设计"问题导学法"教学的具体框架，并将经验总结、记录，形成有价值的文字。

2. 教育实验法

立足于自己所在的教学班级，积极将"问题导学法"的教学框架内容在课题组成员中进行教学实践，将"导"与"学"的教学方法在任教班级中进行实际应用，通过对比实验前后学生生物学习方法的变化，找到适合学生文化素养提升的行动方案。

3. 个案研究法

针对有特色的课例、有创新的教学案例，进行专门点评和推广，推动相关校本教材的开发。编写较为系统的"问题导学法"教学案例和课堂实录，将教学经验与体会撰写成教学论文、专著等。

4. 文献研究法

广泛搜集、整理文献资料，为"问题导学法"教学提供具有时代性、创造性的研究素材。

5. 调查研究法

就"问题导学法"教学的现状进行调查，选取有代表性的典型事例进行缜密分析，找准问题所在，明确研究对象。

三、结果

（一）确立了"问题导学法"课堂教学的基本理念

教育理念决定了教育行为的价值取向。通过教育教学实验，课题组在整合了新课程理念、建构主义理论、多元智能理论，借鉴国内外运用"问题导学法"教学的成功经验，在实验学校研究经验的基础上，确立了生物学"问题导学法"课堂教学的基本理念，即"以情感为突破口，以问题为中心，以思维为主线，以多样化方式展开教学"。

（二）丰富了"问题导学法"基础教育的思想内容

课题组全体成员在教学过程中不断学习"问题导学法"理论，并不断完善教育思想，教育教学理论得到提升。每位课题组成员都撰写了"问题导学法"教学论文。在省市组织的教学论文评选中，何惠文老师撰写的《生物学"问题导学法"中"导"与"学"教学程序的研究》获省级一等奖，郭峰老师撰写的《改变教师的"教"为"导"，打造高效生物导学课堂》、张胜老师撰写的《多媒体技术在生物学问题情境创设中的作用研究》均获省级二等奖。

（三）成就了"问题导学法"生物教学的高效课堂

2015年课题组成员瞿兰英、吴刚毅两位老师分别上了一堂"导"与"学"的高三生物复习公开课，得到了专家组的一致好评。在教学过程中，高三年级生物备课组5名教师都使用"问题导学法"教学，在深圳市组织的两次调研考试的理科综合三科中，生物科成绩优秀。通过专家引领，教师在课堂反复实践探索，对"问题导学法"的认识更加清晰。

在深圳市教育局组织的"名校名师"电视录像课中，何惠文老师主讲的"问题导学法"示范课《现代生物进化理论》，在2012年深圳市中小学优质课例视频资源征集及在线展播活动中荣获"优质课例视频质量奖"，受到深圳市教育局表彰。郭峰老师采用"问题导学法"执教的《免疫调节》在2015年深圳市中小学优质课例视频资源征集及在线展播活动中荣获"优质课例视频质量奖"。

在青年教师教学比武活动中，课题组王忠猛老师执教的《细胞的癌变》、任翔老师执教的《细胞器——系统的分工合作》均荣获一等奖；张胜老师执教的《孟德尔的豌豆杂交（二）》、李星光老师执教的《DNA是主要的遗传物质》均荣获二等奖。4位年轻教师都充分运用了"问题导学法"，以问题为载体，使学生初步体验到学习是一个充满着观察、实验、归纳、类比和猜测的探索过程。课堂由单纯传授知识的场所转变为学生主动从事学习活动、构建自己有效的学习理解的殿堂；教师由单纯的知识传递者转变为学生学习的组织者、引导者和合作者，让学生的兴趣在了解探究任务中产生，让学生的思考在分析真实中形成，让学生的理解在集体讨论中加深。

（四）构建了"问题导学法"生物课堂的基本模型

教师遵循生物学"问题导学法"的基本理念，根据教学目标和教学内容、学生现有知识背景，将所要学的知识情境化。即教师结合学生的知识基础、成长经历、生活实际情况赋予要学习的新知识一定的情境，再根据情境提出恰当的问题，或引导学生分析情境提出问题，或以情境引导学生阅读教材提出问题，或引导学生在观察、思考情境、交流讨论的过程中生成问题，以问题激发学生的好奇心，促进学生自主探究，尝试解决问题。在探究过程中，学生遇到困惑时，教师予以点拨、引导；学生探究后，要动口阐述自己的思维结果，向他人展示自己的思维过程，以求得他人的帮助。教师或学生在听取汇报后，可提出质疑，或提出自己的想法，以完善探究成果。在讨论的基础上，学生或动手书写，或动手操作实践，展示研讨结果。教师针对学生的阐述、交流、展示予以反馈，取得成功时，予以表扬、鼓励；学生所说或所做不正确时，予以柔性评价和矫正。在整个过程中，学生通过质疑、互动交流，达到深化理解、丰富认识的目的。具体如图2-3-1所示。

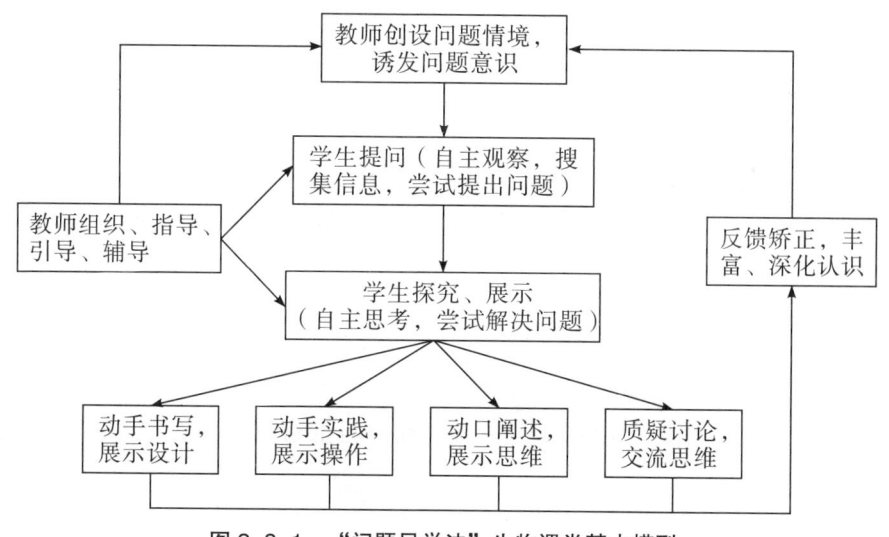

图2-3-1 "问题导学法"生物课堂基本模型

在这一框架下，学生真正成了学习的主体，是知识意义的主动建构者；教师是教学过程的组织者、指导者，意义建构的帮助者、促进者。

（五）提炼了"问题导学法"创设问题情境时应遵循的原则

创设问题情境时必须遵循以下原则。

1. 有效性原则

创设问题情境时应研究课标,明确教学目标,透彻理解教学内容;全面研究学情,尽可能全面了解学生的知识基础和经验,从学生"学"的角度出发,围绕教学目标创设问题情境。

2. 明晰性原则

创设问题情境时应明确目标,要求具体,易于学生理解、把握问题的指向。

3. 兴趣性原则

创设问题情境时应符合学生心理需求,能激发学生们的学习动机,从而增强学习的原动力。

4. 启发性原则

创设问题情境时要具有启发性,有较高的思维水平,能挑战学生的智能,有效启动学生思考,培养学生的创造性思维。

5. 参与性原则

创设问题情境时应能够展开一定的探究过程,并能求得一定结果。能够诱发不同的解读方式,展开不同的认知活动,促进不同智能优势的学生都积极参与探究活动。

6. 精练性原则

创设问题情境时应针对学习目标,基于学情,提出少而精的关键性问题。不可泛滥,搞问题轰炸,避免在一问一答的过程中学生猜答案,以掩盖思维盲点。

7. 层次性原则

创设问题情境时应由浅入深,由点到面,层层深入,引导学生思维不断向知识的纵深和宽广方向发展。

8. 逻辑性原则

创设问题情境应具有逻辑性,一是创设的问题情境本身应具有科学性,具有内在的逻辑性；二是创设的问题情境要和学习目标有逻辑上的必然联系；三是一堂课内所提的问题，前后尽可能具有一定的逻辑性，能够形成良好的知识结构。

9. 开放性原则

创设问题情境时应有一定量的开放性问题，以培养学生的发散性思维。

（六）探索了"问题导学法"创设问题的具体方法

由于高中学生具有一定的理解能力和逻辑思维能力，教师可以创设适当的问题情境，以便于展开探究、讨论、理解等教学活动，促使学生在问题情境中进行科学严谨的探索，达到解决问题的目的，从而提高课堂教学效果。具体包括以下10种。

1. 结合学生生活实际创设问题情境

这里的学生生活实际是指与具体学科、具体知识点相关的生活问题。根据生活和生产的实际提出问题，创设实际问题情境，可以使学生认识到生物学习的现实意义，认识到生物知识的价值，这样也更容易激发学生的好奇心和兴趣。

2. 利用直观感性材料创设问题情境

兴趣是最好的教师，教学时采用直观感性材料，并适时地穿插一些趣味性话题，可以调动学生学习的积极性。

3. 利用实验研究素材创设问题情境

实验得到的结果往往更加形象直观，比起课本上直接的结论更易为学生所接受，教师可善加利用实验的优点来创设问题情境，开展探究性教学。

4. 根据学生已有经验和现实之间的矛盾创设问题情境

利用学生已有经验与现实之间的矛盾创设问题情境，可使问题情境具有较好的发散性，即问题情境的设计能充分激发学生联想，开拓学生思路，激发学生的创造精神。利用隐含于教材中的矛盾因素或学生已有认知与新知识之间的矛盾和冲突来设计矛盾的问题情境，让学生通过积极思维来解决矛盾。

问题导学法

5. 根据知识的逻辑性和联系性创设阶梯形问题情境

问题情境的设置要具有合理的程序和阶梯性，即问题的设计要由浅入深，由易到难，层层递进，把学生的思维逐步引向新的高度。创设"小步距"问题情境就是要善于把一个复杂的、难度较大的课题分解成若干个相互联系的子问题（或步骤），或把解决某个问题的完整的思维过程分解成几个小阶段。教师设置问题要坡度适中、排列有序、循序渐进，形成有层次结构的开放性系统，并不断地与外界教学环境保持信息的交流，这样才能使问题情境所包含的信息量不断增加，才能使学生产生"有阶可上，步步登高"的愉悦感，兴趣盎然地接受知识、训练能力、体验情感。

6. 通过知识链接创设问题情境

人们在解决问题时，既需要概念性知识，又需要程序性知识，还需要策略性知识。因此，一个问题情境包含的知识也应该是多方面的。一个精而有效的问题情境，不在于其所具有的概念性知识的多少，而在于其中蕴含的程序性知识和策略性知识的有效性，在于由概念性知识和程序性知识相结合而形成的问题图式，即解决各类问题的基本框架和模式。建构的问题情境一旦具有延伸性和方向性，就可以扩大学生学习活动的心理空间，充分激活原有知识，并使新旧知识发生有机联系，形成良好的知识链接。

7. 通过知识应用创设问题情境

创设好的问题情境是培养学生问题意识的重要方法。它实际上是创设解决问题的矛盾冲突，使学生原有的知识与需要掌握的新知识发生强烈的冲突，使学生意识中的矛盾激化，从而激发学生探究的兴趣和产生进一步学习的动力。比如，一些似是而非、模棱两可的问题，可以让学生在捉摸不透中进入积极思维状态，达到知识应用的目的。

8. 通过学生实验的过程和结果创设问题情境

无论是利用哪种形式的实验过程和结果来创设问题情境，都要注重引导学生进行反思和交流，让学生切实感到合作是一种学习的需要，探究学习是获取新知的有效途径，逐渐养成合作探究意识。

9. 通过学生预习生成问题

设计预习提纲，根据教学内容在教材中的地位以及前后联系，科学、合理地设置问题情境，提出相关问题，引导学生分析、思考问题。学生在预习过程中生成的问题，能引导学生主动参与，激发学生的学习积极性。

10. 通过习题总结创设问题情境

习题的讲解是课程的重要内容之一，在习题教学中可通过"出题—读题思考—试解—分析讨论—归纳检验"的模式进行教学。这种模式要求学生根据自己对具体问题的理解，充分运用已有的知识和经验，结合有关知识、规律创造性地进行分析、判断，思考和探索解题方法，然后在教师的指导下，通过分析讨论和归纳总结，对生物试题中的生物学科思想、方法进行提炼、升华，学习和汲取例题中生物学的精神，最大限度地培养和锻炼学生的创新意识和创新能力。

（七）总结了教师"导"与学生"学"的原则

教师的本质在于引导，引导的特点是含而不露、指而不明、开而不达、引而不发；引导的内容不仅包括方法和思维，同时也包括价值和做人。引导可以表现为一种启迪，学生迷路的时候，教师不是告诉其方向，而是引导他怎样去辨明方向；引导可以表现为一种激励，学生登山畏惧了的时候，教师不是拖着他走，而是唤起他内在的精神动力，鼓励他不断向上攀登。教师在课堂教学中引导、点拨、评价时应遵循以下原则。

1. 适时性原则

导学要抓住恰当的时机，过早会打断学生的思维过程，不利于学生思考；过迟则学生会失去耐心和信心，也会浪费教学时间。学生经过一定的努力后希望获得教师的评价和指点，教师及时的评价和指点既能满足学生的愿望，又能调节学生的学习。学生在学习过程中看到自己的成绩，或在教师的指导下突破思维障碍，获得学习上的进步，将在精神上得到满足，进而产生自信感和愉悦感，从而表现出更大的学习积极性。

2. 启发性原则

点拨、引导应启而不发，即只指明方向而不"带路"，只讲解决问题的方法而不讲问题的结果，把线索、思路抛出去，启发学生们自己思考并解决问题。

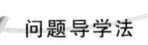

3. 安全性原则

人的第一需要是安全，学生在回答问题时会本能地保护自尊心，使自己的自尊心不受到威胁。因此，在学生展示学习成果时，教师要设法保护学生的心理安全，让学生能够高兴地站起来，体面地坐下去。

4. 鼓励性原则

赏识鼓励，激发自信，有利于促进学生继续探究，坚持不懈地努力学习。

（八）探讨了教师"导"与学生"学"的方法

学生在探究过程中肯定会有成功或失败，有突破，也有困惑。此时，学生都希望得到教师的评价与点拨。评价要遵循鼓励性原则，但不能搞廉价鼓励，如不管对与不对，都说"你很棒""你很勇敢"等，对高中生来说，这样的话说多了，学生就不在意了，尤其是在回答错了以后，如果你还说"你真行"，那无疑是一种讽刺。所以对高中生的评价要实在、中肯，既要指出学生探究过程中的突破性成功之处，又要柔和地指出不足之处，同时在评价的基础上给予点拨、拓展，把学生的思维引向深入，这样学生才真正有成就感，课堂也才会更有活力。因此，我们尝试了通过评价来引导学生思考探究的导学方法。

1. 正确回答的评价和引导

在探究问题的过程中，肯定会有许多学生能够对问题做出正确或基本正确的回答，这时，我们不能仅仅只给予肯定和鼓励，应在赞许的基础上采取以下4种方式进行点拨、引导，深化探究。

（1）拓宽深入，发散思维。由于受知识水平、思维能力等限制，学生的回答往往不够完整和深入，此时应予以追问，引导学生的思维向纵深方向发展，拓宽学生的思路。

（2）增减条件，转换思维。对于回答正确的问题，教师可通过反思思维过程和转换角度，增加或变换条件等方法，引出新问题，促使学生进一步思考，完善知识结构。

（3）异中求佳，灵活思维。对于存在不同解题思路和解题方法的问题，教师不要满足于学生的正确答案，要在学生回答的基础上，启发学生从不同角度、用不同方法分析和解决问题，并对不同方案进行比较，从中找出各自的优缺点和适用条件，在求佳过程中培养学生思维的灵活性和创造性。

（4）开放问题，保护思维。对于开放性问题，没有唯一的标准答案。在这种情况下，教师不能局限于教材内容或自己固有的经验对学生的回答进行随意评价，而要认真、仔细地分析学生的回答，只要学生回答得有道理，就要肯定，以保护学生的发散性思维。

2. 错答的评价和引导

在探究过程中，学生回答错误很常见，也很正常。教师不能因为学生回答有误而打断学生，图省事直接道出正确答案，更不能讽刺、挖苦，挫伤学生学习积极性，而应有针对性地指点、启发学生分析问题和解决问题，让学生思维处于激活状态，不要使"错误信息反馈"这一"软性教学资源"白白地浪费掉。

（1）搭建"脚手架"，拨正思路。在课堂中，经常会碰到这样的情况：有的学生对问题情境感到很茫然，甚至答非所问。遇到这种情况，教师就应给他们搭建一个向上攀爬的"脚手架"，如把问题分解为几个部分，降低难度，接通学生的思路；或改变提问的角度，拓宽学生的思路；或提供必要的知识背景，指明思考方向，促使他们一步一步往上走。

（2）积极面对，使其"言无不尽"。当发现学生回答偏离主题时，教师不能因为回答有误而打断学生，而是要鼓励他们"言无不尽"，即把想说的全部说出来。这样有助于教师较全面地弄清楚学生的思维障碍、知识漏洞，同时也保护了他们的自尊。

（3）分解评价，消除自卑。教师面对学生的错误回答，不要全盘否定，而要仔细分析学生的答案，把学生答案中的正确部分与错误部分分解出来，分别进行评价，即所谓分解评价。对正确的给予充分肯定，消除他们的自卑感；对错误的让它凸显出来，突出这一错误的危害性，以引起所有学生的重视。

（4）将错就错，使其"不攻自破"。学生的回答出现明显的错误时，教师可不直接点破，顺着学生的错误思路去分析，巧妙地设问，使其自相矛盾，不攻自破，然后再提供正确思路，让其思考，就会使学生形成深刻的认识。

（5）鼓励争辩，达成共识。学生在讨论过程中，常常会出现意见分歧。面对各执己见的回答，教师不应对回答错误的一方进行压制，而应该抓住这个契机，因势利导，引发争论。教师可引导学生对不同看法和观点进行归纳，再引导学生从不同角度、不同层面对问题进行分析和探索，使学生在辩论中判明是非，学会思考。

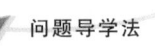

（九）积累了"问题导学法"可供参考的教学资源

1. 教学课件资源

建立了高中生物必修1、必修2、必修3、选修3、选修1、高中生物学业水平测试、高三生物第一轮总复习和二轮复习系列"导"与"学"的问题导学课件。

2. 典型课例视频

产生了典型课例视频，如张胜老师的《细胞增殖——有丝分裂》、何惠文老师的《现代生物进化理论》、郭峰老师的《免疫调节》、王忠猛老师的《种群的特征》、瞿兰英老师的《关注生物技术的伦理问题》等。

3. 课题著作论文

何惠文老师所著的《生物学"问题导学法"中"导"与"学"的理论与实践研究》一书已由东北师范大学出版社出版；其论文《创新课堂教学模式，打造优质高效课堂——谈1∶2课堂自主学习模式》在《中学生物学》上发表，《问题导学法在生物探究性实验教学中的应用》在吉首大学学报上发表，并获得广东省2014年教育教学论文评选一等奖，《生物学"问题导学法"中"导"与"学"教学程序的研究》获得广东省2012年教育教学论文评选一等奖。郭峰老师的论文《改变教师的"教"与"导"，打造高效生物导学课堂》在《中国校外教育》杂志上发表，并获深圳市教研论文评选一等奖。张胜、何惠文老师的论文《多媒体技术在生物问题情境创设中的作用研究》在《新课程》杂志上发表。

四、讨论

本课题虽然取得了丰硕的成果，但还存在如下问题：第一，学生理解"问题导学法"、师生相互融合所花的时间太长。有的班级经历了两年多的实验教学，依然还是以一种被动的状态去学习，还是习惯以一个知识接受者的身份出现在课堂，没有认识到自己是课堂的主角。第二，对学生提出问题的能力的培养还不够。学生的探究形式大多是根据问题复述课本上的内容，思考和拓展的空间还不够。第三，情境的创设还略显粗糙，有待进一步精炼化、典型化。第四，虽然试验了几种导学方法，但并不适合所有学生，对于个别学生我们还需要研究引导他们深入思考的好办法。

五、结论

(一)"问题导学法"有利于学科核心素养的提升

"问题导学法"能够实现丰富学生情感、挖掘学生潜能、促进学生思维发展的目标。"问题导学法"是以"问题"的发现、生成和解决为主线的小组合作学习,其"问题解决"的主要途径是以各种有效活动为学习平台,学生在自主建构、合作探究、展示对话的过程中,学会了思考、分析、比较、总结、归纳、综合、判断和评价等。经过长期的学习,学生逐步培养了多元思维、发散思维、创新思维能力,久而久之,养成创新思维品质。"问题导学法"不仅能够培养学生的创新思维品质,而且还能够促进教师专业发展,挖掘教师潜能,丰富教师情感和培养教师创新思维能力。

(二)"问题导学法"改变了生物教师备课的思维

在实施"问题导学法"的教学过程中,教师主要备"问题学习工具单"和"课堂学习方案设计"。课堂学习方案设计是为实现师生共同学习而开发设计的一种结构化设计方案。严格来说,课堂学习方案主要由"学习过程设计"和"问题学习工具单"两部分组成,过程设计和问题工具是分离的,不像导学案那样学习过程方法与知识点是"掺"在一起的。这种分离的目的就是逐步让学生学会"问题"式自主合作对话探究学习,为实现"自我导学"课堂奠定基础,为学生学会终身学习奠定基础。教师在备课时需要用"心"备课,不仅备"问题",还要备"导"的方法和"学"的方法;不仅备过程设计,还要根据不同课型来开发、设计不同工具,如"问题导读评价单""问题解决评价单""问题拓展评价单""问题生成评价单"和"问题训练评价单"等。

教师备课思维和方式的转型,不但没有使教师工作变得复杂,反而让教师学会结构化、科学化设计。

课题结题不代表课题研究的终结,课题组将继续针对研究过程中存在的问题进行认真分析与系统研究,以期达到真正为教育教学服务的目的。

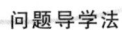

实例2：高中生物教学基于"问题导学法"的导学设计与应用研究[①]

一、前言

（一）研究目标

一是基于"问题导学法"的"导学"的设计与应用，使学生的知识、技能和自主学习能力得到同步发展，特别是在学习方式、创新意识和运用知识解决问题的能力方面有明显的提升；二是通过"问题导学"模式的研究和实施，形成高中生物学科"问题导学教学法"的多种策略和具体操作方式；三是通过研究提高教师问题导学教学法的设计和实施能力，更新教师的教育观念，让教师学会在实践中进行研究反思；四是尝试编写具有校本特色的基于"问题导学法"的"导学案"，探索在高中生物教学中运用"问题导学法"的可行模式。

（二）研究内容

1. 探索问题导学的校本课堂

通过问卷调查、座谈与听课，了解生物课堂教学现状，包括"问题导学"模式运用的成功点与不足之处，以及通过学校教科研的成熟与制约因素，了解师生对课堂教学改革的呼声，探索适合生物课堂教学的新途径。

2. 优化问题导学的教学环境

在研究的初期，生物课堂教学不一定顺利，可能出现学生害怕答错或者有问题不敢提的情况。所以课题初期应研究使学生感到安全、轻松，养成好问的习惯，且敢于怀疑和否定权威，遇事能提出自己的看法和见解的措施等。

[①] 课题主持人：张勇。课题组成员：尚杰、曹月华、苏振林、王飞、储云、李茂哲、代春燕、梁江锋、周先友、胡效实、邵艮好、王广涛、周圣军、廖雄亮、谢雪芬、邵珍荣、庞琴彭、金厅、刘敏仪、范园。

3. 研究问题导学的小微课题

小微课题包括：创设问题情境的要素、类型及策略研究；对学生问题解决过程的指导策略研究；"问题导学"学习的类型和导学方式研究，包括问题对话、问题研讨、小组合作交流、自主探究等；问题导学教学活动效果的评价研究；问题导学教学中学生的自我评价和归纳；多媒体技术在问题情境创设中的作用研究；如何科学设计问题导学的板书；"问题导学法"在多种不同类型学习内容中的运用；如何检测"问题导学"的有效性。

4. 建构问题导学的知识体系

通过对高中生物三个必修模块和两个选修模块的深入研究，针对各个知识点列出问题，构成知识体系，并且注意问题的角度、难度、密度、广度等方面的设置。

5. 探索问题导学的引导技巧

找出关键知识点，注意研究"导学"的角度，研究在学习方法与技能上的指导艺术，在学生情感上的激励和引导策略及对学生价值观取向的引领。

二、方法

1. 调查研究法

围绕研究专题，通过观察、座谈、收集、综合、分类，概括出具有代表意义的观点和经验。

2. 经验总结法

从我们课堂教学的实践和研究中获取良好的效果，并注意总结经验，发展理论。

3. 行动研究法

在研究过程中认真观察活动现象，仔细分析形成现象的原因，提出假设，通过论证提炼出有益的经验。

4. 个案研究法

根据研究目的、对象、内容的不同，采取跟踪、了解、分析和指导等方法，对活动的个别案例进行深入的研究。

"问题导学法"课堂形态的操作流程如图2-3-2所示。

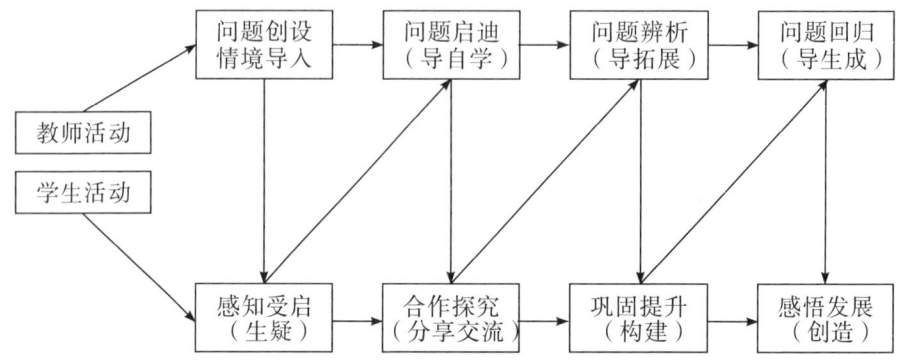

图2-3-2 "问题导学法"课堂形态的操作流程基本模式

三、结果

（一）优化了课堂教学结构和学生认知过程

在"问题导学法"理念的指导下，本课题构建了学案导学分层达标教学模式的结构框架。

第一环节：展示目标。教师以问题情境导入课题，学生阅读学案，问题导学开始。

第二环节：依案自学。学生通过自学完成学案上的"自主学习"和"合作学习"中的自学任务，并带着问题和疑惑进入下一环节。

第三环节：合作交流。组内成员交流自学心得，实现优势互补，并完成学案上的小组作业"合作交流"。

第四环节：成果展示。以小组为单位，将问题自学与小组内交流成果向全班同学进行汇报，通过全班同学互动交流的方式完成。

第五环节：精讲质疑。根据小组汇报情况，教师确定精讲内容。此环节通过教师启发、详讲的方式完成。其中，"讲"学生存在疑虑的问题，"讲"的时机可穿插于小组汇报之中，也可将小组汇报存在疑虑的问题集中解决。

第六环节：知识归纳。通过学生汇报的形式或由教师总结的方式，学生将知识框架填写在学案上，完成学案的知识归纳。

第七环节：达标检测。在课堂上，学生利用一定的时间，完成导学案上的练习题及教师的达标检测卡和反馈评价表。

第八环节：课后反思与收获。提供一个让学生在每节课后进行反思的板块，实际上是通过学生个人的评价，对问题导学的过程和效果进行反馈。

（二）"学案导学、分层要求"课堂教学模式使学生学业水平得到提高

由于采取的是"学案导学、分层要求"相结合的课堂教学模式授课，学生的主观能动性充分发挥出来，学习能力、语言表达水平、学习习惯、学习成绩较以往有较大幅度的提升。特别是一些原来成绩不够好的学生，他们也有兴趣在小组进行互动，不仅能提出许多很好的问题来，对于某些问题偶尔也有不一般的见解。

（三）"学案导学、合作交流"课堂教学模式让教师专业成长更加快速

一方面，教师能积极学习现代教育思想，接纳和认同反映时代特征的教育理念，不断自我否定、扬弃、出新，从而从理论上提高自身的素养，教学方法和课堂教学模式逐渐完善。另一方面，教师的教学实践能力大大提高，在自身努力实践新的教学方法和策略的基础上，借鉴他人成功的方法模式，探究教学过程的改革与创新，引起课堂模式的优化，带来教学质量的提高。

四、讨论

尽管实施"问题导学法"为生物课堂注入了新的活力，也给生物教科研工作带来了一片新的生机，教师的教科研水平和主动参与教学研究的意识也有了提高，学生的学习负担在一定程度上得以减轻，给学生的发展带来了一个全新的开放空间和思维视角，但我们也清醒地认识到在研究的过程中还存在着不少未能完善的问题。以下五方面有待于今后进一步研究并改进。

（一）如何对问题导学进行有效评价

应进一步研究如何把过程性评价与终极性评价、定性评价与定量评价、阶段性评价与发展性评价融入教师的教学之中，建立以促进学生发展为目标的教师教学评价体系，发挥评价的激励性与发展性功能。形成与课程改革相适应的、能够促进教师教学效益提高的评价体系是我们日后研究的重点工作。

（二）如何处理课题研究与课堂教学脱离的现象

迫于考试压力，很多教师教学任务过重，如何能使开展问题导学的研究

活动转变为学生内在的学习需求，使之成为学生个人的自觉行动，真正付诸实践，并收获最佳效益，还有待研究解决。

（三）本课题研究的几个重要方面仍显得有些肤浅

比如：对学生问题解决过程的指导策略研究，目前还没有一个较为成熟的意见，思路也不甚清晰。再比如：对问题导学教学活动效果及过程的评价研究的深度不够，有点浅尝辄止的感觉。

（四）本课题中最富有挑战性的问题没能深入研究

本课题研究后期我们遇到了一个极其重要也极富有挑战性的问题，那就是：对问题导学的效果怎么评价？实际上，在我们设计的问题导学学案的每一节课后，都提供了一个反思与收获的板块。我们的最初设想是通过学生个人的评价，对问题导学的过程和效果进行评价反馈。较为可惜的是，我们在组织实施的过程中，没能及时对如何检测问题导学的效果（即有效性问题）进行深入研究，在这方面只是发现了一些问题，形成了一种共识：对问题导学进行评价，本身就是一个很深、很值得研究的新课题。这需要更多的时间和实践，也有待今后更多人为此做出不懈的努力。

（五）我们采用问题导学的教学模式对生物课堂教学的校本研修和学习内容的收集整理以及过程的优化做得不是很到位

根源在于大多数生物教师在近几年的教学实践中虽然有一定的创新和尝试，但是都未能及时将研究结果进行收集存档、归类整理并形成文字材料。尤其是有些颇具特色和学科特点的教学探索，都未能扩大范围进行交流推广。同时，由于大多数教师很少参加专业学习培训和学术交流，个人的视野、认识问题的深度和广度都具有很大的局限性。

五、结论

"问题导学法"优化了课堂教学结构和学生认知过程，"问题导学"课堂教学模式使学生学业水平得到提高。

第四章 问题导学法：过程结果

课题主持人杨计明依据"生物学'问题导学法'教学研究"总课题界定的"问题导学法"核心概念，即"在系统科学理论、建构主义理论、多元智力理论指导下，把教学内容转化为有价值的、值得探究的、有多种解决方法的生命科学问题，在教师的引导、疏导、辅导下，创造条件让学生自主、探究、合作学习"，对总课题实施思辨研究、行动研究和实证研究，指导开展"问题导学法"课题研究，本章试图实证"问题导学法：过程结果"。

面的研究，是指在"十二五"期间，结合广东省教育研究院教研室工作，将本课题研究与教学研究、教研活动有机整合。通过全省中学生物教学研讨活动，开展以生物学"问题导学法"为主题的教学论文展示、交流和评选教研活动，推进总课题的研究，总结一批面上学校生物学"问题导学法"实践模式的感性经验成果，为提炼生物学教学"问题导学法"理论模型的理性研究成果提供参考。

2012—2014 年，课题主持人杨计明作为广东省教育研究院主办《广东教学研究》的责任编辑，编选发表了生物学"问题导学法"教学研究系列论文；2012 年，课题主持人杨计明组织了广东省中学生物学教学论文评选宣读，评选交流生物学"问题导学法"教学研究论文。本章精选发表和评选的"生物学'问题导学法'教学研究"课题研究论文，实例展示按照问题（实例 1~5）、导学（实例 6~8）、应用（实例 9~11）和效果（实例 12）顺序呈现。

实例1：创设问题情境，培养学生思维能力 [①]

学生的学习是一种思维活动，思维贯穿于学习活动的始终，离开了思维，任何能力都难以形成和发展。而思维是在一定的问题情境中产生的，思维过程就是一个不断发现问题和解决问题的过程。发现问题是思维的起点，也是思维的动力。因此在课堂教学中，通过创设新颖的问题情境，能够有效地引

[①] 本文发表于《广东教学研究》2012 年第 2 期（作者系广东省阳江市阳西县第一中学郑素梅）。

起学生注意、引发学生认知心理失衡、激发学生学习动机，从而达到培养学生思维能力的目的。

一、巧设疑问，激活学生的思维兴趣

学源于思，思起于疑。人的思维活动永远是从问题开始的，疑问是引起思维的第一步。早在两千多年前，古希腊哲学家亚里士多德就认为"思维自惊奇和疑问开始"。宋人朱熹说："读书无疑者须教有疑，有疑者却要无疑，到这里方是长进。"明人陈献章说："前辈谓学者有疑，小疑则小进，大疑则大进。疑者，觉悟之机也。一番觉悟，一番长进。"实践证明，疑问、矛盾、问题是思维的"催化剂"，它能使学生的求知欲由潜伏状态转入活跃状态，有力地调动学生思维的积极性和主动性，是开启学生思维的钥匙。

例如，在讲授"染色体的变异"时，笔者创设了这一问题情境："在这个世界上几乎所有的生物都能产生自己的后代，马可以生马，驴可以生驴，南极的企鹅也在享受着天伦之乐，但谁能想到马和驴的爱情结晶——骡子为什么不能产生自己的后代呢？"把问题抛给学生后，笔者再稍作提示——马和驴的染色体分别是64条和62条，学生往减数分裂方面一想，茅塞顿开，问题迎刃而解。

二、步步设问，培养学生思维的深刻性

学生的思维往往较为肤浅，缺乏深度，对一些内容不求甚解，轻易放过，其实并未真正领悟其真谛。为此，教师应该提出恰当的问题，步步设问，引导学生由表及里，层层深入，这不仅有助于学生对问题的掌握，更有助于培养其思维的深刻性。

例如，学习"绿色植物的光合作用"的内容时，对暗反应阶段只介绍了CO_2的固定和C_5化合物还原成$C_6H_{12}O_6$的过程，对C_5的再生缺乏详尽的文字描述，只是在光合作用的图解中表示出来，这一知识点往往会被学生忽视。笔者在讲课过程中有意识地设计如下问题：①暗反应持续不断地进行需要哪些物质？（学生答[H]、ATP、酶、CO_2等，但没有想到C_5，笔者提醒后才注意）②随着CO_2的不断固定，C_5会逐渐减少，会使反应中断吗？③为什么C_5用之不竭？它是由什么物质再生而来的呢？启发学生思考，突破这一难点。教师通过对教材内容进行适当深化扩展，铺设台阶，层层挖掘，在指导学生挖掘知识点的同时，也培养了其思维的深刻性。

三、鼓励提问，培养学生良好的思维品质

能否敏锐地"发现问题"和"提出问题"是人类思维品质中一个重要的组成部分。正如赞可夫所说："教会学生思考，这对学生来说，是一生中最有价值的本钱。"鼓励学生勇于提问，大胆质疑，能有效地培养学生的思维品质。怎么鼓励学生提问呢？首先，要强化问题意识，激励学生"好奇"与"质疑"。爱因斯坦说过："我并没有什么特殊的才能，我只不过是喜欢寻根问底地追究问题罢了。"这句话一语道破创新的真谛：好奇心、问题意识和锲而不舍的探求是成功的前提。其次，为学生提供问题，丰富问题素材，让学生敢问、会问、有问题问。

（一）从课本中寻找问题

课本是教学的重要资源，同时也是问题之源。让学生从课本中提出一些问题，不仅能培养学生提出问题的勇气和能力，还能令其养成爱提问题的良好习惯，成为激活学生学习的内驱力，变"要我学"为"我要学"。教师可要求学生认真阅读教材，主动思考，细心观察，发现其中的可疑点，从而提出问题。

例如，"植物生命活动调节"一节，教材将"水平放置的幼苗表现出背地生长的现象"解释为：重力的作用使生长素在近地面一侧分布较多，细胞分裂快，所以表现出背地生长的特性。因为学习过植物向光生长的原因是由于单侧光照射使得生长素在背光一侧分布较多，这时，有学生提出疑问："水平放置的幼苗同样受到来自上方的光源照射，幼苗背地向上弯曲生长应该和植物向光性运动产生的原理一样，都是由于单侧光引起生长素分布不均匀的结果。"笔者首先对学生敢于挑战权威、怀疑书本给予肯定和表扬，并及时抓住这一培养学生创新思维能力的良机，鼓励学生开动脑筋，自己设计实验进行验证。学生通过实验观察，得出了结论：在无光照情况下，植物茎背地生长是对重力作用的结果；在重力和光照同时存在时，茎背地生长是重力和单侧光共同作用的结果。

（二）从实验中寻找问题

高中生物教材有很多实验内容，如光合作用、孟德尔的豌豆杂交实验、遗传物质的探究、生长素的发现等，这些实验素材不但含有丰富的问题资源，更展示了科学家们缜密的思维方法和良好的思维品质，这是培养学生思维方法和思维品质的极好资料。

例如，讲授"光合作用"一节，就是通过回忆科学家发现光合作用的历程

而展开，引导学生顺着科学家的思路（即普利斯特里→萨克斯→恩吉尔曼→鲁宾和卡门）积极思考，提出问题：萨克斯的实验中哪个是对照组？如何用同位素标记化合物？科学家为什么能提出那么多问题？这些问题是通过什么实验解决的，又得出了什么结论？这些实验还可以怎样改进呢？等等。这比单纯地讲概念、讲生命活动规律更能激发学生的兴趣，也更能理解"提出问题"的重要性。

（三）从习题中寻找问题

习题本身就是问题集，每道题里面往往还蕴含着多个疑难点，可为学生提供大量有思考价值的问题，这也是学生平时提出问题最多的部分。教师可充分利用学生的求知欲望，借题发挥，引导学生思考，鼓励学生质疑。随着一个个问题的提出，一个个问题的解决，学生的求知欲望在得到满足的同时，其思维能力也得到锻炼，思维品质也得到发展。

现代教育家陶行知先生曾说过："创造始于问题，有了问题才会思考，有了思考，才有解决问题的方法，才有找到独特思路的可能。"问题的提出往往需要求知者调动自己原有的知识储备，在这一过程中，智慧火花得到展示，思维能力得到升华。

实例2：如何在"问题导学法"教学模式中创设问题[①]

"问题导学法"通过创设特定的问题，引导学生解决学习中的问题，同时训练学生自主获取知识的能力，让学生在主动学习的同时发现问题，从而进一步唤起学生学习的兴趣并主动去探索和解决问题，培养学生的质疑能力和自主学习能力。在教学中预设好的问题和创设好的情境让学生去发现和提出问题，意味着这种教学模式成功了一半。下面笔者结合所上的一节公开课"DNA是主要的遗传物质"，具体谈一谈如何去预设问题和创造问题情境。

一、教师如何预设问题

（一）钻研课程标准和教材，设计导学问题

现在很多教师采用导学案的方式进行教学，那么教师在备课时，必须充分了解学生已有的知识水平，分析课程标准、分析教材，结合学生已掌握的知识、教材内容、学习的目标要求和课标的重难点知识进行问题的设计，从整体上形成知识框架。导学案中设计的问题需要注意前后的连贯性，同时也需要注意问题的数量不宜太多。

例如，在设计"DNA是主要的遗传物质"的学案时，结合课本介绍的3个探究实验和隐含的研究方法，明确教学目的，设计一系列的问题，让学生沿着科学探索的道路去了解发现DNA是遗传物质的历程。在设计导学案例时，可沿着"知识铺垫—对遗传物质的早期推测—探究实验—实验比较"这条线索，结合学生学习的难点和可能想知道的内容，对问题进行整体设计，形成一个连贯的思维过程。

（二）贴近学生生活实际，创设导学问题

设计问题时要了解学生已知的知识水平和接受能力，既需要照顾大多数普通学生的接受能力，又要兼顾思维能力较好的学生。

例如，在"DNA是主要的遗传物质"的教学中，笔者结合学生已学过的知识设计了以下几个问题，进而引入课题：回顾前面所学的知识"孟德尔

[①] 本文发表于《广东教学研究》2013年第5期（作者系广东省佛山市顺德区李兆基中学辛小兵）。

遗传规律"及"减数分裂和受精过程",我们认识到染色体在生物的传宗接代中具有重要作用。①染色体是由 DNA 和蛋白质组成的,对"到底谁是遗传物质",有哪些可能呢?②你认为遗传物质可能具有什么特点?③为进一步研究确定染色体上到底谁起着遗传物质的作用,证明某一物质是遗传物质的思路是什么?具体可行的方法有哪些?

这些问题承上启下,令学生在回顾已学知识的同时引出新的问题,不仅很好地调动了学生学习的兴趣,而且因为问题还带有一定的开放性,很好地调动了学生的思维。

(三)问题设计注意思维的连贯性

为了便于学生理解课本知识,形成知识网络,设计的问题不能过于杂乱,这就需要教师设计问题时注意围绕课本的核心知识整体设计问题。

例如,在"DNA 是主要的遗传物质"的教学中,围绕着怎样去发现 DNA 是遗传物质这个核心知识,将问题集中在关键点上:首先设计引入对遗传物质的猜想,将问题的焦点集中到蛋白质和 DNA 上;再围绕着怎样设计实验去判断到底哪种物质才是遗传物质,让学生结合前面已学的知识,体会设计该实验的主要思路和可行的实验方法。

这一系列的连贯思维,层层递进,很好地改变了传统教学中学生依靠教师的讲述来获得该知识的方式。

(四)问题设计注意梯度和启发性

设计的问题既不能太简单,也不能太难,让学生无处下手,同时还需要注意问题的启发性,调动学生积极思考。

例如,在"DNA 是主要的遗传物质"的教学中,围绕格里菲斯的实验设计了一系列的梯度问题:①各组实验得出什么结论?②最关键的实验是哪一组?③格里菲斯从死亡小鼠体内分离到活的 S 型细菌,活的 S 型细菌是怎么产生的?④艾弗里实验最关键的设计思路是什么?⑤格里菲斯发现,这些分离出来的 S 型细菌的后代仍为 S 型细菌,这说明什么?⑥你认为活的 R 型细菌会自发转化成 S 型细菌吗?为什么?⑦有没有可能是小鼠和加热杀死的 S 型细菌体内的物质共同起作用,将 R 型细菌转化为 S 型细菌?怎样证明?通过补充设计这些问题,学生能够很好地理解课本中的实验,并且也可以解决其在理解该实验时所遇到的困惑。分析完该实验后,教师接着提出开放性的问题:假如你是当时的科学家,应该怎样设计实验来探究转化因子是什么物质?这不仅激起学生的求知欲望,也很好地过渡到下一个知识内容。

面对开放性的问题，教师应注意设计问题的科学性和难度，并可做适度引导，以便提高课堂效率。

（五）问题设计注意控制数量和难度

在问题导学教学模式中，需要留有一定时间给学生思考，因此在教学过程中设计的问题的数量要适宜。留给学生思考的时间，可以避免学生整节课都只是跟随教师的问题，而没有自我理解和消化的时间。同时应依据新课程标准，结合学生的实际情况，设置难易适度的问题情境。如果设置的问题过于简单，只是简单地回答"是"与"否"，不能充分调动学生的思考、训练学生的表达能力和规范作答。如果问题难度太大，也会导致学生无从下手，课堂的效率也较低。教师应将课堂中的重难点知识分步设问，逐一分解，慢慢引导，循序渐进，最终引导学生解决问题。

二、创设问题情境，引导学生发现问题

运用"问题导学法"的教学模式，教师除了创设问题外，还可以适当创设问题情境，让学生主动去发现思维的矛盾，主动发现及生成问题并尝试解决问题。

（一）教师要深入研究教材和学科知识

我们使用的教材通常都是一些经典知识或实验过程，往往省去一些中间的探索过程。如果我们从一般的思维逻辑出发，发现一些漏洞和不严谨的地方，学生在学习过程中也可能发现这些问题。教师在创设问题情境时，可以让学生去发现问题，然后教师结合一些研究史料，让学生更加充分地体验实验的过程，增加思维的严密性。

例如，在"DNA是主要的遗传物质"的教学中，在探究肺炎双球菌体内转化实验时，通过前面预设的问题，学生顺延前面教学引导分析，结合课本的实验，会发现并提出一些问题：①为什么不是小白鼠将两者的混合物进行了转化？②为什么"转化因子"一定是其中具体的某种物质而不是整个S型细菌？学生能够大胆质疑并提出这些问题，说明学生已经很好地理解了前面的探究过程，并且还可以从中主动发现一些实验存在的不完善的部分，此时教师可以引导学生设计实验，排除上述两种可能性。

（二）创设学生感兴趣的问题情境

《普通高中生物课程标准（实验稿）》的基本理念之一是"注重与现实

生活的联系"。真实或贴近学生生活实际的情境能很快地把学生与问题情境融合在一起，引起学生共鸣，调动学生的求知欲。

例如，在"DNA是主要的遗传物质"教学中，通过创设问题引入课题后，笔者让学生这节课演一幕当下流行的穿越剧，穿越时光隧道，回到当时的研究背景下，一起出发寻找遗传物质的真相。这能很快调动学生学习的兴趣，调动学生情感的注意力，充分激发学生自身产生持续不断的学习内驱力，为师生探究和解决问题打下良好的基础。

（三）科学合理地选择、创设问题情境

学生的问题来源于阅读、讨论和分析资料。除了课本的资料外，教师有时需要补充一些课外资料以辅助教学。有些教师反映学生所提出的问题漫无边际，甚至与教学目标毫不相关，对此有时教师也无法回答。这时候，教师需要反思自己创设的情境和引导是否出现问题。教师应该依据教学目标和学生的认知水平，精心选择课外的补充资料，才有利于学生阅读、思考并提出有价值的问题，有利于提高课堂效率。

例如，在"DNA是主要的遗传物质"的教学中，教师引导学生探索遗传物质的本质。当学生通过分析，把遗传物质的怀疑对象集中于蛋白质和DNA上时，学生需要设计实验去证明哪种物质才是遗传物质。学生面临选择实验材料的困难时，如果教师不创设好的问题情境，学生就会提出很多疑问。这时教师可以展示资料——病毒和细菌各自的主要成分，学生了解这些成分后，就能主动提出如何才能将这些成分分开的问题。这样，通过情境的创设，学生就能主动去设计实验的思路。因为学生对具体的生物学实验方法的了解有限，当具体设计实验时，部分学生可能无从入手，这时候教师可以适当引导学生回顾前面所学习的一些实验方法，如叶绿体中色素的提取和分离、同位素标记法研究分泌蛋白的合成和分泌、酶解法等。

实例3：用"问题导学法"上生物课要合理设置问题 [①]

"问题导学法"教学是通过创设特定的问题情境，引导学生在解决问题中主动获取和运用知识、技能，激发学生自主学习能力和创造性解决问题能力的课堂教学方式。教师在课堂上设置的各种问题及引导学生所提出的问题，共同组成了课堂教学的问题环境。良好的问题环境对引发学生的学习兴趣，调动其思维的积极性、创造性，圆满地完成教学任务，具有极其重要的意义和作用。一堂采用"问题导学法"进行教学的生物课是否成功，能否合理地设置问题至关重要。在教学过程中，我们经常会对学生进行提问，但提出的问题能否很好地引导学生自主学习，需要我们在教学实践中不断地探索，并总结经验。以下是笔者在教学实践中通过不断地尝试、改进、再尝试后获得的一些看法。

一、问题的设置要注意切入点

对同一个情境，我们可以设问的方法很多，但不能随意设问，这就需要我们精心选择切入点。设置问题的角度不同，得到的反馈也不一样。提问的角度要新颖，要能引起学生注意力，并激发学生主动参与的兴致。

笔者曾经上过一节韶关市的研讨课，课题是"植物的主要类群"。在课前笔者做了充分的准备，给植物挂了牌，拍了校园中大量的植物图片，并制作成滚动播放的PPT，每展示一种植物，PPT中都有相关的植物名称展示。在课堂上，笔者通过多媒体平台播放给学生看。学生看完后，笔者结合课题提了一个毫无创意的问题："我们校园的植物多吗？"学生的回答就一个字："多！"其实学生有这样的回答是意料之中的，这样显得老师的问题是明知故问，有点多余。虽然笔者花了大量的时间去创设情境，但在导入的时候问了这样一个问题，却成了败笔。研讨的时候，有位老师给笔者提了个很好的建议，不妨把"我们校园的植物多吗？"这个问题换一换，换成："你知道我们的校园有哪些植物？"上完这节研讨课后，笔者进行了反思，其实这两个问题就存在不同的切入点，前者问的切入点是植物数量多不多，后者问的切入点是植物有哪些。而课题是"植物的主要类群"，就是要让学生知道有

[①] 本文发表于《广东教学研究》2013年第5期（作者系广东省韶关市武江区广东北江实验学校陈国英）。

哪些植物，因此后者选的切入点与课题较为吻合。后来在另一个班上同一节课时，笔者采纳了那位老师的建议，在播放完植物图片后，把问题设置为："你知道我们的校园有哪些植物？"由于学生平常在校园中会观察植物，再加上笔者播放的PPT里有植物图片及名称，有相当一部分植物学生是已经认识的。当笔者提出问题后，学生就七嘴八舌地说出了10多种植物的名称。

二、问题的设置要难易适中

一个班有几十个学生，每个学生的认识水平、接受能力、反应速度、表达能力等都不一样，存在着一定的差异，这就要求我们采用"问题导学法"进行教学时设置的问题要根据学情来进行。对于能力强的学生，设置的问题如果太容易，不能引起学生的积极思考；对于能力弱一点的学生，设置的问题太难，学生回答不出，会挫伤他们的信心并削弱其学习的积极性。怎样设置问题才算是难易适中呢？依据维果茨基"最近发展区"的心理学原理，设置的问题要具体一些，难易适中，使解决问题所需的思维水平处于"最近发展区"内，从而激发学生的好奇心和求知欲，让学生通过努力达到"跳一跳，摘桃子"的目的。

例如，在学习"非条件反射和条件反射"时，有一个活动是"讨论科学家的一项研究活动（狗唾液分泌的非条件反射与条件反射建立）"，其中讨论部分的第一题设置的问题是："狗能够对食物刺激产生唾液分泌反射，这是它生来就会的吗？"当笔者在课堂上把这一问题提出来时，学生马上给予了肯定的回答："是。"学生很直接也很正确，但缺乏思考。由于笔者所任教的学校的学生多数是通过考核从市内各小学录取的学生，整体素质相对较高，学生回答了之后笔者感到这个问题对这样的学生来说太容易得到答案了，就像"不用跳，也能摘到桃子"。为了让学生"跳一跳，才能摘到桃子"，笔者在学生回答完这一问题之后提出了一个衔接性的问题："如果生来不会的，会怎样？"问题一提出，学生马上陷入了思考之中，过了一会儿，终于有学生发言："生来不会的话，它吃东西应该会不顺利，很难将食物吞下去……"又有学生说："吃不了东西，就会死掉。"笔者很高兴，因为学生已经回答出了非条件反射的重要意义。

三、问题的设置要循序渐进

课堂教学中设置的问题一般是面向全体学生的，但学生的基础和自身素质的差异是客观存在的，问题的设置应该注意到大多数学生的认知水平。如果设置问题时不充分考虑学生的差异，则会使学有余力的学生"吃不饱"，基础差的"吃不了",不利于全体学生的思维等各方面能力的培养和提高。所以设置问题时要注意梯度,由易到难,由浅入深,循序渐进,引导学生自主学习,调动起不同层次学生学习的积极性,实现因材施教,让各层次的学生均能从中品尝到成功的喜悦,各尽所能,各得其所。

例如,在学习细胞的结构时,笔者设置了这样一组问题:①动、植物细胞分别有哪些结构?这些结构分别有什么功能?②动物细胞的结构与植物细胞的结构有哪些区别?③有一种生物体,用肉眼分不出是动物还是植物,你有什么办法能够鉴别出来吗?

按照提问的顺序,这3个问题具有合理的梯度。如果直接提出最后一个问题,学生会难以回答。对那些难度较大的问题,我们一定要精心设计,将其分解成一组由易到难、由浅入深的小问题,层层推进,最终圆满解决。这样做的最大好处是能照顾全体学生,促使每个学生都去积极思考、讨论,让学生都有回答问题的欲望,让学生真正成为课堂的主体。以上设置的三个问题中的第一个问题用意在于让学生先了解动、植物细胞的结构。第二个问题是在第一个问题的基础上设置的,知道了动、植物细胞的结构,只要通过比较就能找出它们的区别。而第三个问题是属于应用层次的,要求相对高些,但有了前两个问题作为基础,要回答这个问题就不难了。

四、问题的设置要频率恰当

一堂成功的生物课,不能没有提问。在课堂上要促使学生思考,需要问题的激发,但一节课不能问个不停,不要以为提问多多益善,误把以前的"满堂灌"变成"满堂问"。设置问题时要注意频率恰当,做到疏密相间,在每一个问题提出后,要有一定的时间间隔,好让学生进行思考,也使学生对问题考虑得更全面。

例如,在"人类的食物"一节中,笔者是这样来设置问题的频率的。笔者先提出一个问题:"人体所需营养从哪里来?"然后稍作停顿,让学生思考。学生思考后做出的回答是"食物"。待学生回答完毕,再提出下一问题:"我们吃的食物中可能有哪些营养成分?"学生经思考后较快答出:"蛋白质、维生素、淀粉。"接着有学生补充:"脂肪、矿物质。"看学生不出声,笔者适时引导:"还有吗?"暗示学生还没回答完整。好不容易有个学生说出一个字:"水!"(学生也许不把水当营养成分看。)接着,笔者讲述:"食物中是否有这些成分,我们做个实验来进行检测。"此时,学生的思考回答暂告一段落,让他们有缓冲的时间。经实验鉴定,食物中确实含有水、无机盐、糖类、脂肪、蛋白质和维生素六大营养成分。实验完成后,笔者再提出问题:"这些营养成分分别有什么作用?请大家自主阅读并从教材上找到答案。"

五、问题的设置要能帮助学生形成概念

《义务教育生物学课程标准(2011年版)》指出,在初中生物学教学中,教师要帮助学生形成50个重要概念,其中有一个重要概念是:泌尿系统包括肾脏、输尿管、膀胱和尿道,其功能是排除废物和多余的水。为了帮助学生形成这一重要概念,在"尿的形成与排出"一课中,笔者设置了这样一组问题:①泌尿系统由哪些器官构成?它们分别有什么功能?②肾脏的结构分为几个部分?③为什么肾脏皮质的颜色比髓质的深?④构成肾脏的基本单位是什么?⑤尿的形成包括哪些过程?⑥血浆、原尿和尿液的主要成分有何不同?⑦从肾脏流出的血液与流入肾脏的血液相比,成分发生了什么变化?

在生物课堂教学中,教师要重视对问题设置的研究,每堂课都要精心地设置问题,以使课堂教学达到最优化的效果。

实例4:"问题导学法"中伪问题的类型与对策[①]

随着新课程改革的推进,对课堂教学模式的研究和实践也呈现出了百花齐放的局面,其中,"问题导学法"在落实课程目标方面不失为有效的教学方法之一。"问题导学法"的课堂教学模式,强调以"问题"为抓手,以教师的"引导"为媒介,促进学生高效的学习。运用"问题导学法",整个教学活动始于"问题"的提出和动态生成,终结于这些"问题"的互动解决和"新问题"的产生。因此,"问题"的提出是"问题导学法"有效实施的关键,是进行"导学"的依据和出发点。这就要求我们所提出的"问题"必须是有思考价值的,能够激发学习兴趣和求知欲的,能够促进学生思维品质提高的,并且在现有条件下能够通过集体的努力解决的。但在课堂教学实践中,我们发现有的教师提出的有些问题是没有思考和讨论的价值的,即文中要讨论的"伪问题"。如果"导学"依据的"问题"是没有价值的,那么教师的"导"和学生的"学"就等于选错了目标,走错了方向,离目标越来越远,教学效果必然是低效的,甚至是负效的。本文以"生态系统的能量流动"一节为例,探讨一下"问题导学法"中伪问题的类型,并提出相应的对策,以期"问题导学法"能够更有效地实施。

一、"空泛化"的问题,即过于笼统或抽象的问题

在实施问题导学法的课堂教学之前,教师们往往会编制导学案,提出一些让学生思考的问题,给学生预习提供依据。但在教学中,我们发现有些教师提出的问题只是基于教师对课程标准、教材和考纲要求的理解而提出的,只是从备课的角度来设计的,过于笼统或抽象,没有充分考虑学生已有的知识基础。在本节的导学案中,教师设计了几个预习问题:能量是怎样输入生态系统的?能量流动的渠道是什么?能量流动的过程是怎样的?请同学们阅读教材"能量流动的过程"一段,并思考这些问题。

"能量"是一个抽象的概念,能量流动也是抽象的。在学生原有的认知结构中,对于能量的认识不是很充分,对于能量流动的过程和特点更是生疏,因而成为认知上的难点。上述问题表面上看起来带有疑问的性质,但实际上大多是教材中的结论性语句加上疑问号生成的,不具有或只有较低的思考价

[①] 本文获2012年广东省中学生物学教学论文评选一等奖(作者系广东省佛山市南海区桂城中学戴燕)。

值,学生即使完成这些问题,对相应的知识可能还是一知半解甚至一无所知。这些问题过于空泛、笼统,属于伪问题的范畴。

对策:问题情境化。

我们可以用幻灯片展示一片风景秀美的草原,草原上,兔子在吃草,狐狸在捕食兔子。学生们一看到图片,立刻激发了兴趣,他们的注意力也立即集中起来。针对图片,笔者提出问题:兔子和草是什么关系?草的能量从哪里来?联系光合作用和呼吸作用的知识进行分析,可以知道草的能量来源于光合作用固定的太阳能。此时指出这种现象的普遍性,并扩展到几乎所有的生态系统,同时提出问题:生态系统中能量流动的起点是从哪开始的?起点可以是动物吗?输入生态系统的总能量是什么?能量流动是沿着什么渠道进行的?学生意识到,生态系统中只有生产者可以合成有机物固定太阳能,生产者固定的太阳能就是生态系统能量流动的起点。因此,草固定的太阳能,就是流经这一系统的总能量。由于捕食关系的存在,能量沿着食物链和食物网流动。在教师的引导下,以原有的光合作用的知识作基础,学生在自主探究和合作讨论中解决了生态系统能量流动起点的问题,这与"问题导学法"定义中教师的"导"和学生的"学"相辅相成的观点是非常吻合的。

二、"跨度大"的问题,即缺乏梯度的问题

教师设计的问题如果难度过高、跨度过大,学生无法着手分析,就会使他们学习的积极性被削减。例如对于草中能量的去向分析,教师如果直接提问"草中的能量将何去何从",由于问题的跨度较大,学生难以回答,启而不发,教师只能自问自答,问题导学法的课堂教学又异化为"注入式"的课堂教学。

对策:问题细分,层层递进。

我们可以采取化整为零、化难为易的办法,设计一组符合学生认知规律的问题串,搭好台阶,层层递进,步步深入,将学生的思维一步步引向目的地:①草固定的太阳能是否全部用于自身的生长?②草被兔子取食,能量流向兔子,但是否全部能量都流向了兔子呢?③落叶中的能量流向了哪里?④兔子的粪便中含有能量吗?如果有,这部分能量来自草还是兔子?大部分学生对兔子吃草的情境都有很深刻的生活体验,通过思考和讨论,能够分析出:草在维持生命活动的过程中,必然要通过呼吸作用释放能量,同时大部分能量以热能形式散失了,呼吸作用消耗后剩余部分积累下来使植物生长;草用于自身生长的能量一部分被兔子摄食并同化为兔子的能量,还有一部分残枝败叶等落入了土壤,最终被分解者分解。至此,第一营养级的能量来源

和去向就清晰了，教师引导学生以第一营养级为例，画出能量传递、转化和散失的过程，再以此类推，画出第二营养级的情况，进而总结出生态系统能量流动的过程。

上述做法将问题环环相扣，逐层深入，给学生以清晰的层次感，在依次求解问题的过程中推动了学生的感知深入，思维递进，不仅使学生很好地理解了知识点，更能训练学生严谨的思维与推理方式，培养学生科学的思维能力和严谨求实的科学精神。作为教师，我们只是带着学生一步步去建构知识、掌握知识，而不是包办代替学生的思维过程。

三、"契合度低"的问题，即偏离教学目标的问题

在理清生态系统能量流动的过程后，教师提出这样的问题：请同学们分析生态系统能量流动示意图，从方框大小和箭头粗细来归纳能量流动的特点。这位教师显然忽略了本节课对学生在数学建模、图表转换方面的科学方法进行培养的目标。在没有对教材中的图解和数据进行综合分析时，学生固然可以根据方框由大变小和箭头由粗变细，看出能量是逐级递减的，但做出这样的判断，对学生思维和处理数据能力的提高意义不大。应当先通过教材中的经典实验对数据的处理和定量分析，得出能量流动的特点，这是研究能量流动规律的关键，也是本节课对学生的能力培养目标所在，提出上述问题实属本末倒置。

对策：紧扣目标，问题精准化。

问题设计时，要紧扣教学目标中对知识和能力的要求来进行，不能偏离主题。参考教材中美国生态学家林德曼对赛达伯格湖进行研究的经典实验得出的数据进行定量分析，并提出问题。

①用表格的形式，将图中的各项数据整理成表格，在学案中呈现出来。

②计算"流出"第一营养级（流入植食性动物）的能量占"流入"第一营养级能量的百分比，即第一营养级到第二营养级的能量传递效率。

③前一个营养级的能量流向下一个营养级的关系能否逆转？前一个营养级同化的能量是否百分之百流向了下一个营养级？

④归纳能量在流动过程中有什么特点？

教师指导学生分析学案中的表格，计算出在赛达伯格湖，第二营养级只获得第一营养级同化能量的13.5%，第三营养级只获得第二营养级同化能量的20%，即能量在相邻两个营养级间的传递效率只有10%~20%。对于能量流动的特点，由于肉食性动物以植食性动物为食，植食性动物不能以肉食性动物为食，植物与植食性动物的关系也是如此，所以能量只能从前一营养

级流向后一营养级，而不能反向流动，即单向流动。此外，表中数据还表明，一个营养级同化的能量，不能百分之百流向下一营养级，除了自身呼吸消耗外，还有一部分未被下一营养级利用。这就决定了能量越流越少，即逐级递减。这样的问题设计，让学生结合"赛达伯格湖的能量流动图解"体验整理数据、处理数据、分析数据，并用数据说明生物学现象和规律的过程，达到培养学生分析、综合和推理等思维能力的目标。方框大小和箭头粗细在能量流动图解中的含义可以在分析讨论数据之后再让学生去印证。

四、"低层次"的问题，即含金量低的问题

哲学家波普尔认为"科学创造永远始于问题，终于问题——越来越深化的问题，是越来越能启发新问题的问题"，创造是在提问中产生的，又是在不断的提问中得以实现和完善。导学的问题应该是教师精心设计的，但同时更应该出自学生，学生更应成为问题提出的主体。但在教学中我们发现，学生的问题往往只是围绕教材的现成内容提出的，质量不高，不能切中知识的要害，有时甚至会提出与学习内容毫无关系的问题，浪费课堂时间，还分散了其他学生的注意力。例如在讲到赛达伯格湖能量流动的问题时，就有学生问"湖里有些什么生物，植食性动物有哪些""林德曼是怎么到这个高原湖泊去研究的"等价值不大的问题。

对策：问题深入化。

孔子说："不愤不启，不悱不发。"教师可以在适当的时机搭建桥梁或提供情境，让学生形成认知冲突，水到渠成地提出问题。教师应该成为问题深化的引导者、问题情境的创设者，对学生提出的问题进行整合，精选有价值的或有新意的问题在全班分享。对于赛达伯格湖，教师在引导时应强调，这是一个高原湖泊，气候较为寒冷，是一个较小且封闭的湖泊。学生自然会想到，温度低会造成分解者的活动较弱，是否会有大量的能量积累下来未被利用呢？教师因势利导，指出能量流动的两种分析方法——定量不定时分析和定量定时分析，教材中采用的是后一种分析方法，所以会出现"未利用的这部分能量最终还是通过其他的几种去向被利用掉了"的结论。

五、"俗套"的问题，即缺少新意的问题

在理清生态系统能量流动的过程和特点后，大多数教师都会问"研究能量流动有什么意义"。学生对教师这样机械化和固定化的表述方式已经司空见惯甚至审美疲劳了，如果用这样的问题来引领学生的学习，怎能激发学生的学习兴趣和探究欲望呢？这也是典型的伪问题。

对策：问题实用化。

教师在平时应该多积累素材，多提供一些跟现实生活联系的实例，提出一些相对开放的问题。研究能量流动的意义在于合理地调整生态系统中的能量流动关系，使能量流向对人类最有益的部分，教师可以设问：①假设我们承包了一块草场，可以在其中养多少只兔子？根据什么原理来确定这块草场的载畜量？影响兔子生长的因素有哪些？如何使兔子的产量可持续发展？②你对"桑基鱼塘"的改进有什么意见？③如何调整饮食结构？

教师要尽可能地为学生创设一个结合学生学习实际和日常生活实际的情境，创造出一个崭新的问题教学情境，紧扣教学目标，设置层层递进的问题，摒弃空泛化、坡度大、层次低的俗套问题，让学生在平时习以为常的自然现象中，发现问题、提出问题、解决问题，感受成功的快乐。

实例5：掌控生物课堂"提问"时机，提升生物教学"提问"效率[①]

著名教育学家陶行知先生说："智者问得巧，愚者问得笨。"有效的课堂提问能引起学生的有效思考，从而有利于课堂的及时反馈，达到即时调整课堂教学策略的效果。

一、找准学习内容的质疑点，就此设问

根据教学内容的重难点及学生的年龄特点、心理特征、认知水平、知识结构来寻找学生的知识质疑点，预设学生的知识疑惑处，并在课堂教学中善于观察并抓住学生的质疑点和疑惑处，于此及时地设置问题，由此加深学生对所学内容的理解。高中阶段的学生正处于渴望了解外部大千世界的时候，面对无奇不有的世界，学生会产生许多疑惑，并渴望解决这些疑惑，这一过程也就是认知世界、探索世界、积累知识、了解世界的学习过程。

例如，讲授"生态系统的能量流动"一节的"问题探讨"时，根据学生已有知识水平提出第一个问题：你认为以下哪种生存策略能让你维持更长时间并等待救援？学生思考并小组讨论。教师在指导的同时让学生产生（或教师引出）第二个问题：鸡把玉米吃进肚子，鸡是否得到了玉米的全部能量？为什么？接着教师抛出（或学生自己产生）第三个问题：鸡同化的能量有哪些去向？紧接着引出第四个问题：流经"玉米→鸡→人"这条食物链的能量能否再回到这条食物链中来？在学生对上述问题进行思考、分析和讨论后，教师要求学生写出材料中可能存在的食物链，并找出人类利用的能量最多的一条食物链，如此等等。

二、找准新旧知识的连接点，就此设问

苏霍姆林斯基说过："有经验的教师一般都是从学生已知的东西讲起，善于从已知的东西中在学生面前揭示出能够引起他们的疑问的那个方面，而疑问的鲜明色彩则会产生一种惊奇感，引起学生探索奥秘的愿望。"在帮学生建立知识结构时，教师要找准新旧知识的连接点，让学生在新旧知识的连

[①] 本文发表于《广东教学研究》2012年第5期（作者系广东省佛山市顺德区乐从镇乐从中学关永韶）。

接点上产生疑问，教师于此设置问题，激起学生探究的欲望，让学生运用已有的知识去寻求解决的途径。学生在构建自己的知识体系时，自身产生的"疑问"是一个获取新知识的引爆点。教师要及时抓住和利用这个"引爆点"，让学生在原有知识的基础上，利用已有知识来解决问题，并在教师的引导下，迈上另一个更高的台阶。

例如，展示汶川大地震图片，提供背景资料：为了确认死者身份，需对遇难者进行 DNA 鉴定，其主要手段是利用 PCR 技术获得大量的 DNA 序列。围绕此材料提出：①PCR 的工作原理是什么？②人体内的 DNA 如何复制？③人体内的 DNA 复制需要哪些条件？④人工复制 DNA 与人体内的 DNA 复制所需条件有什么不同？⑤如何判定样本 DNA 是否与死者 DNA 相符？

三、找准事物、事件的比较点，就此设问

高中学生对事物、事件的认识既好奇又不深刻，对事物、事件之间比较突出的、各自不同的特征常会产生疑惑，并会思考其中的原因在哪里。根据学生的这个特点，笔者发现生物学中有许多实验结果或现象会与学生已有的生活经验不相符。若善于利用这些引起学生思维冲突、认知矛盾的知识，通过教师的问题设置，不仅能够引发学生探究知识的欲望，激发学生的学习潜能，还能创造一个高效的课堂，由此收到更好的学习效果。

例如，在进行"渗透吸水原理"的教学时，先让学生观察渗透作用实验结果，学生发现水竟然从低处流向高处，这与学生的生活经验产生矛盾，使之产生疑惑。教师接着提出以下问题：①烧杯中的清水和漏斗中的蔗糖溶液，哪种溶液的单位体积中水分子相对含量高？②水分子和蔗糖分子都能通过半透膜吗？为什么？③单位时间内，流入烧杯的水多还是流入长颈漏斗的水多？通过上述问题引导学生得出渗透装置必须具备的条件。然后再设置以下问题：①举例说出成熟的植物细胞所具有的与渗透装置相似的结构特点。②在"观察洋葱表皮细胞的质壁分离和复原"实验中，若先用盐酸处理洋葱表皮细胞，再进行实验，其结果会是怎样的？③干种子、幼嫩植物的细胞没有成熟的液泡，通过什么方式吸水？等等。

四、找准课堂教学的关键点，就此设问

课堂教学的关键点，即通过师生互动，教师寻找或及时抓住师生之间产生思维碰撞的地方。这是达到课堂教学高潮的地方，更是引导学生进入深层思考的地方。因此，教师不仅要善于针对教学内容的关键点来精心设计问题，还要结合学生的"学情"设计问题。这样，才能使学生有目的地思考，

有计划地探究,并在有限的时间里掌握新知识。

例如,讲授"生态系统的能量流动"中的"赛达伯格湖的能量流动图解"时,如果只是简单地分析图表,学生常常会听得乏味,收效甚微。倘若能根据图表转换成相关的问题情境,设计若干思考题,不但能够引起学生思维的震荡,还能加深学生对知识的理解和消化。在此,我们先将"赛达伯格湖的能量流动图解"转化为表格,如表2-4-1所示。

表2-4-1 "赛达伯格湖的能量流动图解"表格版

生物	流入能量($J/cm^2 \cdot a$)	流出能量($J/cm^2 \cdot a$)				传递效率(%)
		呼吸作用	分解者	未利用	下一营养级	
生产者	464.6	96.3	12.5	293	62.8	13.5
植食性动物	62.8	18.8	2.1	29.3	12.6	20.1
肉食性动物	12.6	7.5	微量	5.0		
合计		122.6	14.6	327.3		

同时设计如下问题:①从无机环境流入这一生态系统的能量有多少?②能量在生态系统内通过何种途径流入下一营养级?③图中箭头的方向说明了能量流动具有怎样的特点?④生产者流入植食性动物、植食性动物流入肉食性动物的能量比例分别为多少?⑤流入某一营养级的能量,为什么不能百分之百地流到下一个营养级?这揭示了能量流动的什么特点?等等。

五、找准学生思维的转折点,就此设问

当学生的思维还没有启动时,教师的提问会使他们产生疑惑,从而主动寻求答案;当学生的思维积极向前推进攻克难点时,教师的提问会帮助他们开辟新的通道,产生顿悟和突破;当学生对思考过的问题进行整理时,教师的提问又会使学生的思维有序地收拢,并得出圆满的结论;当学生处于进退维谷的境地时,教师的提问会让学生豁然开朗,找到光明之路。因此,教师要找准学生思维的转折点,就此设置相应的问题,让学生的思维得以开阔,并让学生得到有序的、科学的、合理的训练。

例如,学生在学习减数分裂的概念时发现减数分裂形成的配子染色体数目减半,而有丝分裂过程中子代细胞染色体数目却不变。这一认知上的矛盾使学生产生疑惑。为此教师提出以下问题来引导学生思考:①在减数第一次、第二次分裂过程中染色体的形态、行为和数目分别发生了哪些变化?②减数

分裂过程中染色体复制了几次，是在什么时候复制的？③染色体减半发生在什么时候？导致减半的原因是什么？④减数分裂过程中染色体出现的哪些特殊行为对生物的遗传有重要意义？

六、找准知识规律的探索点，就此设问

生物学知识有许多规律供学生探索。如果教师能凭借例子设置恰当的问题或创建问题情境，那么学生通过一系列的学习过程，不仅可能理解和掌握了生物学知识，还能取得举一反三、融会贯通的学习效果。因此，找准生物学知识规律的探索点，不仅可以锻炼学生的逻辑思维能力和建构模型能力，还可以使学生的学习能力和科学素养得到有效提高。

例如，基因型为 Aa 的个体能产生多少种配子？基因型为 AaBb 的个体能产生多少种配子？基因型为 AaBbCc 的个体能产生多少种配子？含有 n 对等位基因的个体能产生多少种配子？

七、找准新学知识的引申点，就此设问

现行的高中生物教材中所蕴含的生物学知识能引申的地方有很多。在这些知识被教师"有意"引申的时候，学生自然就会产生疑问。为了让学生的问题得到妥善解决，这时还需要教师进行相应的、恰当的、必要的引导。教师在课堂内引申的时候，可以根据不同学生的"现有发展水平"，设置难度不一的问题，引导学生进行多层次思考，使学生的智力、思维都得到不同程度的拓展。所以，找准新学知识的引申点，把问题设置在学生智力的"最近发展区"内，这才合适。

例如，通过对植物向光性的学习，学生知道单侧光照射后，胚芽鞘背光侧生长素含量比向光侧多，同时生长素促进植物的生长。在此基础上进一步设置问题来使学生的知识得到引申：①单侧光使生长素分布不均匀，是因为向光侧的生长素被破坏，还是向光侧的生长素移向背光侧？如何设计实验证明？②生长素具有促进生长的效应，是通过促进细胞生长还是促进细胞分裂来完成？如何设计实验证明？

八、找准学生学习的增长点，就此设问

在生物课堂教学中，如果学生在学习时自己就新知识的学习有新发现，并能提出自己的生物学知识问题，这种课堂的教学效果最好。因为这时的提问，能极大地发挥学生的主观能动性和最大限度地锻炼学生的问题意识。

例如，学生学习了"染色体变异"这一节内容后，教师提出以下问题：①单倍体育种中优良品种的筛选应在育种进程中还是育种结束后进行？②在单倍体、多倍体和杂交育种3种育种方式中，最快速的方法是什么，最简便的方法是什么？③若将亲缘关系较远的两种植物作为育种材料，要培育出具有二者优良遗传特性的作物新品种，又该如何育种呢？这些会使学生在该节内容学习结束时又引出自己思考的、新的开放性问题，让学生带着问题离开课堂，学生将会进行后续的思考与学习，这对提高学生全面的学习能力有极大的益处。

实例6：如何"导"学生才"学"[1]

对于大多数教师而言，真正达到高水平的素养是一件颇为不易的事，但这不影响我们朝着这个方向努力。下面是笔者结合自己的教学实践，尝试站在学生的角度去对如何"导"学生才"学"这个问题浅谈一些自己的看法。

一、"导"要有意思，解决"我为什么要回应"的问题

我们总是满怀希望地提出问题，但自己却充满失望地把问题解决了。为什么学生不积极参与回答你"导"的问题？学生真的不愿意学习吗？下面举一个例子。

在"探究生物组织中的成分"的实验中，面对教师不同的做法，学生会有不同的反应。

一位教师要求学生严格按照规定的步骤：用他配制好的试剂对已经处理好的待检测的淀粉溶液、牛奶、花生油、苹果汁等物质进行颜色反应的验证实验。另一位教师告诉了学生实验原理，为学生提供了稍作处理的土豆、苹果、花生、黄豆，然后让学生自己设计实验方案，完成合作探究实验。

经询问，两组学生的感受截然相反：第一组学生觉得太没意思了，因为可以预测到实验结果，只做了一个验证结论的实验而已；而第二组学生却觉得很有趣，验证过程有很多惊喜，还想用这些方法验证更多生物体中的成分。

显然，学生赞赏第二位教师的做法，因为这种"导"才是有意思的"导"。

苏霍姆林斯基说："人的内心有一种根深蒂固的需要——总想感到自己是一个发现者、研究者、探索者。在儿童的精神世界中，这种需要特别强烈。"要满足学生这种强烈需要，就要让学生主动参与探究的全过程。

二、"导"后须留够时间，解决"为什么不让我稍作思考"的问题

若"导"的问题过多，在有限的时间内难以完成，那教师只能拼命赶着学生回答，没法留出足够的时间给学生思考和组织需要表达的语言。不少学生就是因为没有做好充分的准备而缺乏信心，才不敢回答问题。

---

[1] 本文发表于《广东教学研究》2013年第4期（作者系广东省中山市东升镇高级中学冼省）。

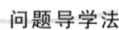

要解决这个问题，首先要对问题进行精简，只要把一节课中最重要的问题提出来就行，大胆删去无效问题，然后预设每个问题需要预留的时间，甚至要站在学生的角度把问题的回答自我彩排一遍，以获得最精确的预留时间。

三、"导"后需耐心倾听，解决"为什么不听我把话说完"的问题

有的教师在学生回答问题的时候，不等学生把话说完就让其坐下，究其原因是怕内容上不完。更有甚者，学生的回答不是他想要的标准答案，他就要立马叫停并请另一位学生来回答。譬如在分析池塘生态系统的成分时，一位学生举手回答："池塘里有鱼、蝌蚪、水草……"没回答完立马就被叫停，教师又叫了另一位学生，因为此生小声地说出了这位教师所想要的答案："生产者、消费者、分解者、非生物的物质和能量。"其实，前一位学生的回答没有错误，教师应该让他把话说完，然后再引导他把几种成分进行分类，从而得到自己想要的答案。可惜这位教师并没有这样做。他的唐突打击了第一位学生的积极性，一句简单的"坐下"就扼杀了学生的学习热情。

由此可见，教师随意打断学生的回答，事实上是对学生的不尊重，严重的可能挫伤学生的学习兴趣。

世界知名教育家兰本达在她的"探究—研讨"教学法中多次指出"耐心"是一种品德，是取得教学成功的必备条件。

运用"问题导学法"，教师更应该鼓励学生说出有创意的想法，多用一些如"大胆地表达你的观点！""大家都在倾听呢，接着说吧！""你还有补充吗？""让我们来挑战一个更复杂的问题！""再跳一下，你就摘到桃子了！""很好的创意，请你继续说。"等鼓励性语言，激励学生把自己的想法表达完整，千万不要因为害怕不能完成你既定的课堂内容而打断学生的发言。

四、"导"后要用心评价，解决"我的回答起作用了吗"的问题

1. 对于正确回答的评价

苏霍姆林斯基曾经说过："一个孩子，如果从未品尝过学习、劳动的快乐，从未体验到克服困难的骄傲，这是他的不幸。"让学生在成功回答问题后得到教师肯定的评价能使他树立信心，保持学习的热情，还是促进他继续

主动回答问题的强大动力。所以，我们不要吝啬这几秒钟的评价，多用诸如"很好""居然和我看法一样""你的答案比我的更好""见解很独到"等语言激励学生，给予学生信心。

2. 对于错误回答的评价

容许学生"犯错"，也是尊重学生的做法。因为学生个体之间在基础知识、理解能力和思维角度上的不同，决定了他们在回答问题时，对问题的理解方式和深度会有所不同。在做出评价时，要注意保护学生的学习积极性和主动性。

无论哪种程度的学生，当他们对于各种难度的问题做出了错误的回答时，一般都要避免批评他们，但都要指出错误的关键点。如果他们对问题做出有创意的回答时，教师应该给予充分的肯定，与教师的预设越不一致，越值得肯定。任何一个问题实际上都可以从多个不同的角度思考，而从不同角度进行思考所得出的答案往往是不同的，对于开放性问题更是如此。

有时候，我们还可以从学生的思考方法和思路上肯定学生的回答，并给予表扬。例如："你能这样回答证明你的想法不一般，你很有个性！"

只有这样，才能培养学生的独立思考的意识以及开拓创新的精神，这比现成的结论和知识更为重要。

五、有创新的"导"，解决"别让我猜出下一步你要干什么"的问题

学生都喜欢接受新鲜事物，同样道理，如果一个"导"的方式经常用，那么学生会感到没新意，甚至会有"我已经猜到老师接下来要我们做什么"的想法，这并不是我们想要的结果。一旦学生有了这种感觉，参与到你"导"的学习中的积极性会大打折扣，甚至对你导的问题不再感兴趣。我们需要经常根据实际教学内容，对所导的问题在内容或形式上进行一些改变。

六、课堂之外的"导"，解决"我不喜欢你所以我不想理你"的问题

每个学生都希望教师用真情对待，用爱心呵护，也只有感到教师对他的关心和爱护，学生才会更加喜欢那位老师，才会有随后的"亲其师，信其道"，积极跟随教师在课堂中的"导"去"学"。反之，则是"不想跟你学"了。

要解决"我不喜欢你所以我不想理你"这个问题，教师需要灵活运用课堂之外的"导"。

1. 用你的细心记住学生的名字

每个人心里都潜意识地希望"自己的名字最响亮",学生也是这样。作为老师,如果能记住学生的名字,在课堂之外,一句真诚的问候、一个微笑都会使学生感受到你对他的关注。

2. 怀着真心走近学生,让他们更喜欢你

苏联教育学家苏霍姆林斯基在《把整个心灵献给孩子》这本书中说道,教育,首先是人学,不了解孩子,不了解他的智力发展,他的思维、兴趣、爱好、才能、禀赋、倾向,就谈不上教育。

因此,我们要充分利用课外活动,怀着一颗真心走近学生,了解他们的想法,体验他们的生活,以此拉近师生的情感距离,优化师生关系。

你想想,学生都成为你的朋友了,在课堂上还能不支持你、不配合你吗?

实例7：基于"问题导学法"培养学生自我导学的探究[①]

实践证明，初中学生问题意识薄弱，学生不会"提问"，不善"质疑"，甚至没有"问题"成了普遍现象。教师在问题导学法的实践中，通常是只能靠自己设计的问题进行导学，这样的单方努力并不一定能使问题导学法达到最好的教学效果。提高学生的提问能力，激发学生的学习兴趣，使学生形成自我导学的模式，这无疑会对问题导学法起到助推的作用。

一、"问题"与"问题导学法"的界定

"问题"是什么？卡尔·登克尔提出"问题产生于当某一事物具有一个目标，但又不知道如何达到这一目标时"。目前大家比较认可美国心理学家纽厄尔与西蒙（Newell & Simon）对"问题"的定义，即问题是这样一种情境，个体想做某件事，但不能即刻知道做这件事所需要采取的一系列行动。

"问题导学法"是落实课程目标的有效教学方法之一：在建构主义教学理论、建构主义学习理论、多元智力理论的指导下，把教学内容转化为有价值的、值得探究的、有多种解决方法的问题，在教师的引导、疏导、辅导下，创造条件让学生自主、探究、合作学习。

二、旧的教育模式对"问题导学法"的滞后影响

长期以来，我国中小学生的学习仍以"听课、阅读、记笔记、做练习"为主要形式。《中国教育报》的调查结果显示，传统的教学方式有所改变，但符合素质教育要求的教学模式尚未真正确立：75.6%的教师认为目前的课堂教学模式仍停留在灌输—接受的水平和阶段，学生学习知识仍然以"听讲—练习—再现教师传授的知识"的模式进行。从教学目标和教学过程来看，76.3%的教师认为"教学目标中最主要的应是知识掌握"，68.1%的教师认为"钻研教材和设计教学过程是教师备课的中心任务"，51.3%的教师认为"课堂教学的情感、态度目标服务于知识、技能目标"。

[①] 本文获2012年广东省中学生物学教学论文评选一等奖（作者系广东省珠海市实验中学陈卫秀）。

在足够的时间和精力的条件下，这种教学方式对于学生获得扎实的基础知识和基本技能具有明显的效果，然而对培养学生对所学内容进行质疑并提出问题、培养其创新意识和能力起的作用甚微，这也是导致教师在运用"问题导学法"的过程中唱独角戏的原因。无疑，这对"问题导学法"的开展起了一定的不良影响。

三、运用新型的"问题导学法"，培养学生提问能力，引导学生利用问题进行自我导学

"问题导学法"中的问题应该是有思考价值的，学生能够提出多种解决方法的，学生对问题提出的检验假设在现有条件下通过集体的努力能够得到解决。在问题的基础上解决并形成新问题，同样要求解题者具有发现问题、提出问题的能力。然而，调查表明，初一学生的提问能力并不高，或者是不会提问，或者是不敢提问，或者是提出的问题没有思考价值。

而就导学而言，教师的"导"要通过学生的"学"来实施，学生的"学"要依靠教师的"导"来进行。因此，教师是学生学习方向的引导者，学习方法的疏导者，学习内容的辅导者；而学生则应通过"自主、探究、合作"的方式进行学习。如何创设一个良好的"问题环境"，更好地落实问题导学法，是需要教师研究和摸索的。

传统的问题导学是通过教师环环相扣的提问，引导学生进行学习，在问题的提出上，往往是教师在唱独角戏。笔者一改传统模式，把提问的权利交还给学生，引导学生发现问题，提出问题，并挑出与课堂内容相符的问题，引导学生层层深入地自主导学。

（一）课前"提问"：鼓励学生提出有思考价值的问题，用问题引入课堂，有效激发学生的学习兴趣

不善于思考、思维惰性较大的学生，往往学习积极性较低，学习效果不佳。有思考价值的问题被提出后，就会激发学生在解决问题的过程中，或在对已经解决的问题进行反馈评价的过程中，提出新问题。

笔者结合生物课堂教学的特点，在实验班的每节生物课堂上的前3分钟设计了一个"有问要提"的活动，鼓励学生提出问题，并从学生所提的问题中导出本节课内容，让学生带着问题进入课堂学习，通过在课堂上引导学生提出有价值的问题，训练学生从不会提问到能提出较深层次的问题。经过一个学期的训练，前来听课的教师认为学生提出的问题在广度和深度上都有所进步，学生带着问题学习，对课堂更关注，对所学内容更感兴趣。

（二）课上"导问"：课堂中营造宽松、开放、安全的提问环境，引导学生在问中学，在学中问，达到环环相扣、逐步深入的教学效果

问题导学法是以"问"导"学"，在"学"中有"问"，如此环环相扣，以达到教学目标。在课堂上要让学生敢问，首先要创设宽松的环境，消除学生的心理障碍，为"问"营造氛围。罗杰斯认为，一个人的创造力只有在他感觉到"心理安全"和"心理自由"的条件下，才能获得最优表现和发展。在教学过程中，要增进民主，消除学生的紧张感、压抑感和焦虑感，而宽松、民主、和谐的课堂氛围，是传授知识的无声媒介，是开启智慧的无形钥匙，是陶冶情操的潜在力量。只有在民主和谐的氛围中，师生平等对话，学生才能张扬个性，培养起探索未知的信念、意志和品质，释放出巨大的潜能。同时，教师对学生提出的问题要给予及时的积极评价，增强学生提问题的信心和积极性。

笔者课堂上积极鼓励学生提出问题，在问中学，在学中问，课堂气氛和谐而活跃，教学效果好，并获得师生的一致好评。

（三）课后"寻问"：运用"问题本"进行"每日一问"的收集，鼓励学生在生活中发现问题，把问题带到课堂

生物学是研究生命现象和生命活动规律的科学，与我们的生活密切相关。让学生在生活中发现问题，带着问题进入课堂学习，并最终解决旧问题，产生新问题，这就达到了最好的教学效果。

表2-4-2 "每日一问"活动安排表

活动内容	时间	对象	目标	实施方案	
				实验班	对照班
家长配合的活动："每日一问"	每天	全体学生	培养细心观察和善于提问的能力	家长与学生进行交流，引导学生每天提出至少一个问题记录在"问题本"上，家长每星期在"问题本"上写评语，教师每周检查	无

笔者要求实验班的每位学生都有一个"问题本"，如表2-4-2所示，每天思考并提出一个生物方面的问题，记录在"问题本"上。教师从学生的"问题本"中选择与教学内容相符的、有思考价值的问题，在课堂上提出并解决。

因为学生提出的问题五花八门,很多时候,教师能从中找出贯穿这节课的问题,一问紧扣一问,使"问题导学法"在课堂上运用得淋漓尽致。另外,由于问题是学生自己提出的,所以学生上课的积极性就很高了,课堂教学效果也非常明显。

(四)网上"追问":开辟网络阵地,为学生的"提问"提供一片自由的空间,引导学生通过"自主、探究、合作"的方式进行学习

网络是当今世界信息交流最快、最广的渠道之一,它已进入人们的日常学习与生活中。笔者所在学校每周安排一节计算机信息课,还建立了生物专题学习网站——"始祖鸟"。有了这些客观条件,笔者在专题网站上设置了一个"你问我答"的栏目,如表2-4-3所示,每位实验班的学生以自己的"班别+学号"(如1班学号为1的学生账号是"0101")登录该网站,进入"你问我答"的栏目,发表生物学的问题,其他的学生和教师进行跟帖,回答这些问题。在这里,学生通过"互问"和"互答",很好地以"自主、探究、合作"的方式进行学习。

表2-4-3 网络提问安排表

活动内容	时间	对象	目标	实施方案	
				实验班	对照班
网络交流"你问我答"栏目	每周计算机信息课或随机	全体学生	勇于提出自己发现的问题	学生在学校生物专题学习网站"始祖鸟"的"你问我答"栏目中发表生物学问题,其他教师和学生进行跟帖,对发表问题次数多的学生和进行跟帖且数量多的学生进行表扬和鼓励	无

学生对于这项活动的参与热情很高,家里有上网条件的学生除了在计算机信息课上发表问题,回到家中还会利用空闲时间进行网上提问。有一位同学曾经很喜欢提问题,但因问题太多而受到父母、老师和同学的埋怨,所以渐渐地不再喜欢提问。在网络上他可以自由地提问,而且提出的问题越多,就越受崇拜,他找到了被仰慕的感觉,所以问题越提越多,也越来越喜欢上生物课了。

把提问的权利还给学生，鼓励、引导学生提出有思考价值的问题，挑选学生所提的问题进行导学，可以有效激发学生的学习兴趣，提高学生的提问能力，以达到培养学生利用问题进行自我导学的目标，这是对"问题导学法"新模式的一种深层次探究。希望笔者此次的研究能起到抛砖引玉的作用，对"问题导学法"的进一步研究和实践起到一定的借鉴作用。

实例8：生物教学中基于英特尔未来教育理念的"问题导学"[1]

一、前言

"问题导学法"是现代课堂教学中以问题为核心，通过教师"导学"、学生"自学"的方式连接师生教与学的一种教学方法。英特尔未来教育理念也是一种先进的教育理念，若能在突出重要概念的基础上将二者进行有机结合，将有新的突破。

英特尔未来教育理念强调用框架问题进行任务驱动，引领学生自主、合作、探究式学习，通过借助技术提高学生学习绩效，培养学生的合作意识、创新意识，促进学生的高级思维发展。而"问题导学法"强调"在建构主义教学理论、建构主义学习理论、多元智力理论的指导下，把教学内容转化为有价值的、值得探究的、有多种解决方法的生命科学问题，在教师的引导、疏导、辅导下，创造条件让学生自主、探究、合作学习"。

二者都倡导用问题情境的方式驱动学习，同时，鼓励学生的自主合作探究。在"问题导学法"中，通过问题导学，教会学生去探究，去获取直接或间接的经验并内化为自身的知识与技能。英特尔未来教育理念的亮点之一是框架问题，其设问特点是提升问题广度和深度，承接灵活且递进性强。因此，二者整合的目的是提升问题的广度与深度，为导学法锦上添花。

二、方法

（一）优化问题设置

"导"与"学"的传递桥梁是"问题"，"问题"提得好，可大大缩短学生学习探索的时间。因此，问题的设计很关键，往往需要进行优化设计。

以讲授法为主的传统课堂常以教材内容为依据进行设问，缺乏思维力度，回答往往具有封闭性，或是在教材上可以找到答案，探究的价值不大。"问题导学"则增强了问题的情境性和启发性，令对学生的思维培养往前迈了一

---

[1] 本文发表于《广东教学研究》2012年第6期（作者系广东省东莞市东莞中学初中部肖小亮）。

大步。而引进框架问题进行创新设问,则进一步增强了思维的广度和深度。下面以"绿色植物与生物圈中的碳—氧平衡"一节为例来谈问题的设计,如表2-4-4所示。

表2-4-4　例析应用框架问题进行问题设置

2011年版新课标要求达成的重要概念目标	传统教学的问题设计	指向重要概念的"框架问题"设计		
		内容问题	单元问题	基本问题
光合作用是指绿色植物通过叶绿体,利用光能,把二氧化碳和水转化为有机物和氧气的过程	1. 海尔蒙特实验说明了什么? 2. 普利斯特里的实验说明了什么? 3. 如何设计实验来验证二氧化碳是光合作用的原料和产物? 4. 如何将光合作用原理应用于实际生活中?	1. 光合作用是如何被发现的? 2. 怎样设计实验来探究光合作用的原料和产物? 3. 光合作用的实质是什么?如何用图表示出来?	1. 如何提高光合作用的速度,增加产物? 2. 光合作用的原理在农业生产上有怎样的应用?	为什么说人类的生活离不开植物的光合作用?

内容问题是基于事实,具体到有关概念的细节,用于丰富学科内容的问题,学生易于通过主动学习而获得;单元问题是具体单元的开放性问题,它能帮助学生理解基本问题;基本问题是具有延展性、基础性,覆盖"大概念"的问题,往往要在构建了丰富的概念内涵的情况下才能理解。而整个框架问题更多地指向思维与技能训练层面,更有利于开展探究性学习,这也是该理念整合到问题导学的切入点。有框架问题的"导"与"驱动",给学生的学习指明了方向,同时由于问题设置层次性强,甚至到了综合、分析、评价的层面,学生可以更深入地理解各问题之间存在的逻辑联系。特别是基本问题的探究,将科技与人文教育融为一体,将学生带至更高的位置去看某一重要概念,如光合作用,进而认同植物光合作用的重要性,积极倡导和参与保护植被。

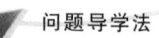

（二）优化问题导学过程

通常情况下的问题导学，采用"创设情境—提出问题—自主合作探究—归纳总结—迁移提高"等教学环节，积极围绕问题展开探究学习。英特尔未来教育也同样如此。如"动物的绕道取食"这一节内容，该课的重要概念不难理解，但要让学生提高实验技能，并在情感上产生共鸣，则需借助问题导学，如表2-4-5所示。

表2-4-5 "动物的绕道取食"之导学设计

教学流程	教师的"导"	学生的"学"
情境创设导入 ↓ 重要定义讲解 ↓ 网络实验评价 ↓ 实验方案设计 ↓ 探究与讨论 ↓ 拓展探究 ↓ 课外延展升华	内容问题： 1. 学习行为的定义是什么？ 2. 如何理解动物学习行为中的"尝试与错误"？ 3. 如何探究动物的绕道取食？ ①如何设计实验情境？ ②如何观察记录绕道取食？ ③如何分析数据得出结论？ 单元问题： 1. 通过探究发现动物的进化程度与其学习能力有什么关系？ 2. 通过探究发现动物的学习与记忆有怎样的关系？ 基本问题： 动物的学习行为及其实验给你的学习带来什么启示？	1. 判断不同情境下的公鸡取食行为。 2. 初步界定"学习行为"和"尝试与错误"。 3. 观看网络视频，评价实验的效率与效果。 合作探究学习： 1. 探究相同或不同动物的绕道取食。 2. 拓展研究学习与记忆的关系。 学习情感升华： "主动学"比"被动学"的学习记忆效果好

1. 框架问题"导"学

从表2-4-5中可以看出，该课对导学的问题进行重要概念优化和框架问题整合后，使其具备双重教育意义：教学上，让学生通过设计开展动物行为实验，锻炼实验探究能力；教育上，通过验证哪一种效果好，直观地体验"主动学"和"被动学"的学习效果，并内化升华为自身经验，而且这种"亲历式"的探究，其教育效果是相当明显的。将课堂学习逐步拔高，让学生站得高、看得远。这正是"框架问题"的"导"，决定了学生"学"的方向。

2. 学习支架"助"学

英特尔未来教育除了强调合作探究学习外，还强调合理地为学生提供学习支架，以辅助学生高效完成学习。如在该课中，学生对于"如何才算是真正学会"存在理解上的困难，因此教师提供了一个"实验记录表"，如表2-4-6所示。

表 2-4-6　学习支架：实验记录表

正确的反应次数 （绕道吃到食物）	第1次	第2次	第3次	第__次	……	第__次	第__次
错误的反应次数 （啄玻璃板）					……	0	0

其中表格最后的两个"0"，需要引导学生观察思考，理解只有连续两次都没有经过"尝试与错误"而是直接绕道取食才算真正地学会。这样既帮助学生界定实验的严谨性，又大大提高了实验的效率。接下来的拓展实验，学生就可以仿照该表自行改造，甚至尝试自主设计记录表来辅助完成实验。另外，在探究相同或不同动物的绕道取食时，提供表格支架横向或纵向比较其尝试与错误的次数寻找结论；提供"遗忘曲线"帮助学生拓展研究学习与记忆的关系；提供"我要学"和"要我学"的真实案例引导和支持学生进一步研究学习态度与记忆程度的关系……整个教学过程借助框架问题和学习支架层层推进，学生的"学"水到渠成。可见，如果教师的导学过程"导"得到位，会收到事半功倍的效果。

3. 评价量规"引"学

英特尔未来教育相当强调评价量规的使用，因为用量规可指明学习要达成的目标和考核评定的"标准"。如该课的评价量规，如表2-4-7所示，一般附在学生的实验报告后面，对具体的学习内容还可以提供多级评价指标和具体学习评价标准，即进一步细化后，让其更具可操作性。该评价量规是一种隐性的"问题导学"，对学生的学习过程具有调控与反馈作用。有量规的"引"，学生较容易知道该做什么或怎么做，这样的"导"学就比较到位。

表 2-4-7　评价量规：探究活动评价表

评价项目或评价指标	过程性评价（60%）		终结性评价（40%）			
	评价标准	自评	评价标准	自评	组评	师评
提出问题（10%）	科学、合理、有探究价值		展示的作品（如实验报告）格式规范，探究过程清晰、科学；数据记录与处理正确，分析推导能支持结论且较具说服力			
做出假设（10%）	合理					
制订计划（20%）	翔实、规范、可操作性强					
实施计划（20%）	过程严谨，数据处理正确					
得出结论（10%）	分析推导科学准确					
表达与交流（30%）	呈现效果好、表达清楚					

总评：_____　　评语：_____

4. 成果展示"促"学

成果展示可以说是问题导学的结果。这一环节的设置，给学生充分的展示机会，一方面锻炼其表达交流能力，另一方面又反过来促进学生的学习。由于课堂时间紧凑，该环节可安排在课余时间或以实验报告的形式张贴展示，让每一位学生都有机会参与，并在展示过程中对自己的学习过程做出正确的评价与反思。若教师学习过 PBA（基于项目的学习），还可以借助项目学习推动"促"学，相信效果会更好。

上述"真实情境创设—框架问题'导'学—学习支架'助'学—评价量规'引'学—自主合作探究—成果展示'促'学"系列过程突出了教师的"导"，强调面向全体学生的"导"，倡导自主合作探究的"学"，通过"导"与"学"来提升学生的生物科学素养，实现教育教学意义最大化。

三、结果

（一）学生科学素养得到明显提升

经实践发现，学生更加关注笔者提出的问题，因为这些问题既是中考要考查的重要概念，又富有科学探究价值和人文研究价值，较能吸引学生。一段时间下来，学生的学习兴趣明显提高，考试成绩自然提升（近三年的中考成绩逐年提升，并保持在全校各学科中排名第一）；动手合作探究能力在体验中积累与加强，并形成多项生物探究论文，参加各类比赛也取得优异的成绩；同时还发现学生的环保、安全、健康等意识和社会责任感明显增强，并真正付之于行动。

（二）教师专业能力得到快速成长

由于问题导学的设问质量相当关键，教师不得不加强这方面的教育理论学习，如布鲁姆教学目标分类法、英特尔的未来教育理念、2011年版的新课标重要概念教学等，并将这些整合应用到生物教学实操中，在实践中不断完善。可以说，学习与实践的过程就是教师专业能力成长的过程。近几年笔者和笔者所在科组年轻教师的快速成长就是得益于对问题导学的整合应用探索。

四、讨论

"问题导学"提升学生的生物科学素养，实现教育教学意义最大化效果明显，关键在于优化问题设置和优化问题导学过程。

五、结论

时值新课标新教材推出之际，重要概念教学成为此次生物课堂教学改革的核心。要使问题导学法也在重要概念教学中凸显优势，可尝试引进英特尔未来教育理念进行整合，设计指向重要概念的框架问题，突出教师的"导"，突出学生的"学"，通过设计高质量的问题，提供恰到好处的学习支架和评价，引领高效的"学"，不断优化课堂的教与学，借以实现教育教学意义最大化。

实例9：浅谈合作学习与"问题导学法"的有效整合[①]

在初中生物学"问题导学法"课堂教学中，合作学习方式，能有效提高课堂教学效率。

一、科学搭配，创建"问题导学"学习团队

合作学习有利于学生的分工合作及相互帮助，科学地划分学习小组既能让学生感受到个人责任，又使他们认识到互助合作的重要性。

笔者根据学生的学习成绩、性别、思想状况、特长等把全班同学分成14个四人学习小组，小组成员分工明确，设小组长、资料收集员、汇报人、计时员等，责任到位，确保人人有事做。在座位安排上，凡是上生物课都按照所编的同一四人小组坐在一起。为了提高四人学习小组的合作学习效率，笔者精心培育小组长，要求小组长在课堂上做好组织工作，在规定的学习时间内，带领小组成员"发现并提出"与本节内容相关的"问题"；在课堂结束的时候，还要对每位组员的课堂表现给予一定的评价。经过长期的努力，师生、生生之间的配合越来越好，逐渐形成了以教师为主导、学生为主体，组内合作、组间竞争的良好氛围，在"问题导学法"课堂教学中，学生发现并解决了一个又一个的"问题"。

二、课前"热身"，创设"问题导学"情境

问题是在一定的情境中"发现"的，良好的情境能使人产生良好的情绪，良好的情绪使人反应敏捷，思路开阔。生动有趣的情境能调动学生的学习兴趣，使他们的积极情绪变为学习的动机和力量，激发求知欲。教师在设计教学方案时，应该根据教学内容选择合理的教学导入方式，尽快将学生带入"问题导学"的热身阶段。教师创设了良好的教学情境，极大地引起学生的兴趣，学生自然而然地进入了"问题导学"的"热身阶段"，为下一环节的学习做好了准备。

例如，进行植物的"蒸腾作用"概念教学时，笔者这样引入新课，让学生发现并提出问题：课前，布置一个四人学习小组合作制作两个简易实验装置，并实施实验任务。上课时，将实验装置搬到讲台上，然后问学生：看着

[①] 本文发表于《广东教学研究》2013年第6期（作者系韶关市第九中学黄昌盛）。

学习小组提供的两个实验装置，我们可以发现并提出什么问题吗？学生兴致勃勃地提出了一些问题：①这两个装置中的枝条是同一种植物吗？②不带叶片的枝条外面的塑料袋是上课前套进去的吗？③塑料袋内的水珠是从哪里来的？……在此情境中，学生思维特别活跃，自然而然地进入了"问题"中。

三、课堂"碰撞"，融入"问题导学"活动

（一）组内合作，创设问题

国际21世纪教育委员会提出了现代教育的"四大支柱"：学会学习、学会做事、学会合作、学会生存。在科技发达、专业高度分化的现代社会，人与人之间的真诚合作，是各项事业取得成功的基本要素，也是个体身心健康发展的必要条件。"学会合作"已经成为现代人生存的基本素质，也是现代教育的基本目标之一。小组内成员之间合作学习是笔者在"问题导学法"教学中经常采用的教学组织形式。

只有善于发现和提出问题的人，才能产生新的冲动。学生在自学完教材后，根据自己的认知情况，对本节课将要学习的内容进行探讨。由于每个小组都有4位组员，每位学生的学习都具有个体差异性，他们通过表达与交流，碰撞出思维的火花，最终提出具有一定层次的问题。在此过程中，学生的态度是积极的，思维是活跃的，求知欲是强烈的。最后基于他们自身对新课的理解，创设了自己认为有价值的问题，为进入下一环节做好了充分的准备。

（二）组间互动，解决问题

经过上一环节，一个学习小组，通过合作学习，创设出了一个问题，全班共有14个学习小组，就有可能提出14个问题（有些问题可能会重复）。每个学习小组的问题创设出来了，就可以组织学生进入下一个环节——解决问题。这时，由各个学习小组推选一名代表，将本组创设的问题提出来，让其他学习小组的学生通过举手的方式获得解答问题的机会。教师在组间互动时，要灵活驾驭课堂。在此过程中，由于被提问的学生和举手准备解答的学生都是有备而来，课堂气氛活跃而有序。如此通过小组合作，创设问题，解决问题，学生真正成为课堂的主体。

（三）合作游戏，活化问题

我国著名教育家陶行知说："学生有了兴味，就会用全部精力去做事。所以，学与乐是不可分离的。"中学生物教材里有不少基础知识需要识记，

而这些知识恰恰又是课堂教学的重难点，不少学生会觉得这些知识难以理解或枯燥无味，甚至会觉得厌倦。游戏活动能充分调动学生的情感因素，使其思维和情感需求得到和谐发展。在合作游戏中，学生能快乐学习，快乐发展。若教师能够充分发挥游戏的趣味性，在适当时刻进行游戏教学，就会使学生的眼睛为之一亮，兴致勃勃地参与教学活动，教学难点也就迎刃而解了。

例如，在"性别和性别的决定"的教学中，为了突破"生男生女取决于卵细胞与哪种类型的精子结合"这一难点，笔者确定了"简述生男生女的原理并通过游戏体现"的教学目标，以"模拟合作游戏"来突破难点，让学生理解"生男生女机会均等"的道理。具体操作如下：将学生分为多个小组，两人一组，每组学生准备3张黑花（代表X）和1张红花（代表Y）的扑克牌。利用扑克牌模拟家庭生男生女的游戏。把4张扑克牌分两组放在桌面上，在不看扑克牌的情况下，每次随意抽取2张：其中一张从两张黑花组（代表XX，即母亲）中抽取一张，另一张则从黑花红花组（代表XY，即父亲）中抽取。若两张黑花，即为女孩；一黑一红，即为男孩。每人进行10次游戏并记录结果。最后将全班学生的结果进行汇总，统计一共"生"了多少男孩、多少女孩。由于游戏设置恰到好处，学生积极参与，原本非常生硬的"生男生女机会均等"语句，变成了生动活泼的课堂模拟游戏，学生在合作游戏中深刻理解了"生男生女的概率均等"，本节课教学自然达到了预期的效果。

（四）师生合作，查漏补缺

教育心理学研究表明，与小学生相比，中学生的抽象思维有了更高的发展。他们能够进行更深刻的分析，判断因果联系。他们的思维的批判性有所发展，要求更有根据的解释和证明，以揭示出所研究现象的固有规律。但是，他们受自己知识和能力发展的局限性的影响，通过学习小组所创设和解决的问题，不可避免地存在一定的局限性。

由于存在上述不足，教师还应依据新课标对教材进行研究，结合学生所创设的问题进行补充，让学生在构建知识体系中，由自主探索的感性阶段上升到教师主导下的理性阶段。

例如，在"尿的形成与排出"的教学时，学生创设了以下问题：①原尿与尿液有什么不同？②肾小管主要分布在哪里？③尿液在膀胱中暂存后怎样由尿道排出？④一个健康人每天形成的原尿有多少毫升？排出的尿液有多少毫升？⑤血液和尿液有什么区别？⑥原尿是怎样形成的？⑦如果不及时排尿，会对人体造成哪些危害？⑧人工肾的基本原理是什么？⑨肾脏形成尿液和排出体外的过程是怎样的？⑩当膀胱尿液达到一定量会怎样？

汇总这些问题，不难发现，学生对"尿液的形成"的两个关键过程"肾小球的滤过作用"和"肾小管的重吸收作用"认识不够。因此，教师就应展示相关的动画，让学生加深对此过程的理解。为巩固所学的知识，教师还应提供具有代表性的习题，或者引导学生学以致用，尝试用所学的生物学知识来解释生物学现象，帮助学生建构更加理性的知识体系。

四、课后"延伸"，拓展"问题导学"外延

当一节课结束时，大部分学生都能得出一个满意的答案，高高兴兴地走出教室，无可否认，这堂课堂教学确实解决了"问题"，也完成了教学任务。但对于"问题导学法"教学来说，这样的课堂还不够。"问题导学"课堂是一个由教师、学生、教材等组成的"生态系统"，是师生、生生互动合作且教学相长的课堂。正如课标所要求的"注意探究性学习活动的课内外结合。教师应有计划地安排好课外需要用一定时间才能完成的活动"，有些时候，学生的"问题"在课堂上无法真正解决，教师可以提供一定的思路，引导学生进行课外的合作探究，拓展"问题"的外延，彻底地将"问题"解决。

例如，在"微生物与人类的关系"的教学中，学生在自学课文之后，提出了"我们能够自己制作酸奶吗？"和"我们真的可以自己酿酒吗？"之类的"问题"。下课后，笔者找到提出上述问题的学生，得知他们渴望解决问题，笔者将制作酸奶或酿酒的方法步骤告诉他们，并要求他们合作完成这一课外活动。三周后，有两位学生在课室里展示了他们合作酿制葡萄酒的照片，还热情地邀请老师去家访，以品尝他们的劳动成果。

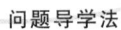

问题导学法

实例10："问题导学法"在"植物生长素的发现"教学中的应用[①]

笔者在"植物生长素的发现"的教学中采用了"问题导学法"，并将其概括为5个步骤：巧设情境，提出问题—剖析问题，形成探究—循序渐进，验证探究—总结归纳，得出结论—联系实际，应用创新。

一、巧设情境，提出问题

学起于思，思源于疑，人们的学习和思维是从疑问开始的。因此提出问题理所当然地应成为"问题导学法"的逻辑起点。而巧妙设置的问题情境会唤起学生思维上的共鸣，使其疑中生趣，促使学生进入学习新知识的最佳心理状态。

在引入"植物生长素的发现"这一主题时，笔者先组织学生朗读宋代诗人叶绍翁的名诗《游园不值》："应怜屐齿印苍苔，小扣柴扉久不开。春色满园关不住，一枝红杏出墙来。"再提出问题：根据所学知识，你认为是什么在吸引着红杏出墙？这样一个看似简单的情境，会使学生的思维迅速聚焦在问题上，也让知识生动立体起来。由此调动了学生的好奇心，使其产生学习兴趣。有了强烈的兴趣才有求知和探索的欲望，学生才会主动参与学习。

二、剖析问题，形成探究

"巧设情境，提出问题"能引起学生的关注，使学生将注意力和兴趣集中到本节课的学习任务上来，而"剖析问题，形成探究"则要通过对问题展开、细化、刨根问底，使学生明确探究思路，从而更有效地开展探究活动。

引入新课后，笔者指导学生阅读教材中向光性的概念，并通过多媒体课件展示达尔文的金丝雀虉草向光性实验的图片，再设置问题：金丝雀虉草的胚芽鞘为什么具有向光性？这种向光性的出现可能和什么因素有关？

针对此问题，笔者首先安排学生进行小组讨论，鼓励学生从不同角度寻找问题的答案，再通过学生发言、教师补充、修正、总结等环节，汇总全班同学的讨论结果，提出了以下假说。

假说1：胚芽鞘的弯曲生长与单侧光照射有关；假说2：胚芽鞘的弯曲生长与尖端有关；假说3：胚芽鞘感受光刺激的部位在尖端；假说4：胚芽

[①] 本文发表于《广东教学研究》2014年第1期（作者系广东省汕头市第一中学袁博）。

鞘生长的部位在尖端下部。

这样，把教学内容问题化，进而利用问题引发学生的探究活动，让学生充分体验主动学习的乐趣，真正融入课堂教学过程中。

三、循序渐进，验证探究

学生在前一个环节中可能会发现一系列需要解决和验证的问题，那么"循序渐进，验证探究"正是拓展和深化思维、构建新知识的关键。在此过程中，师生互动尤为重要，但要坚持以学生为主体，教师则要当好指导者、引导者、辅助者。这个阶段设计的问题，要有利于"问题导学法"所强调的以学生为中心的主动性、开放性、探究性的学习活动的开展。

在上一环节中，为解释植物的向光性提出了四点假说，那么这四点假说是否正确，就需要逐一验证。为此，笔者组织了以下教学活动。

首先，通过多媒体课件展示以下资料：19世纪末期，达尔文实验，如图2-4-1所示。然后，要求学生参照达尔文实验的4个示意图，通过小组讨论，以画图的方式设计实验，来验证以上四点假说，提醒所设计实验要有对照组、实验组，并控制好变量。并请4位小组代表在黑板上画出各自的实验方案，各组分别画一个，如图2-4-2所示。

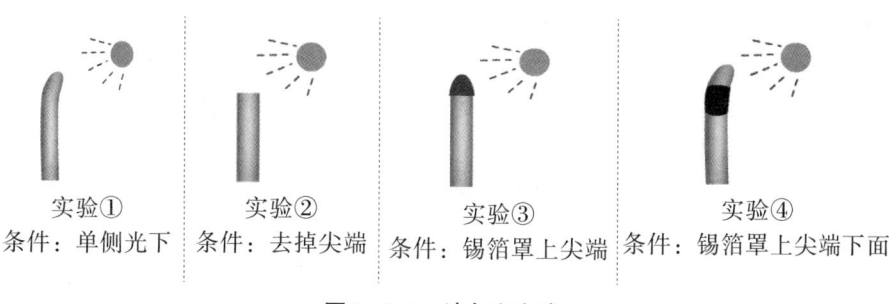

图2-4-1　达尔文实验

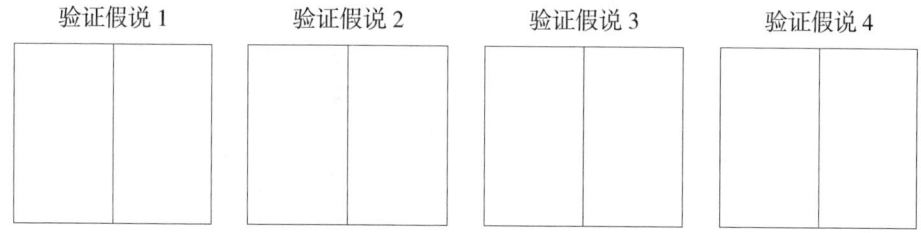

图2-4-2　学生汇报实验方案

待邀请的小组代表完成方案汇报，回到座位上后，请其他小组同学对以上实验方案（即实验方案示意图）进行点评，笔者再用动画演示达尔文的相关实验，引导学生初步解释植物的向光性，并引出达尔文的推论：胚芽鞘尖端受到单侧光刺激后，就向下面的伸长区传递某种"影响"，造成伸长区背光面比向光面生长快，因而使胚芽鞘出现向光性弯曲。

这种"影响"究竟是什么呢？在达尔文之后先后有多位科学家通过进一步的实验继续探究。在接下来对詹森、拜尔和温特这几位科学家实验的教学中，笔者均采用相同的教学方法，让学生置身于特定的问题情境中，尝试着像科学家那样去进行解释和推理，逐步从"向光性"这一现象深入到其本质——生长素的作用。

就这样，笔者把复杂的教学内容设计成具有探究价值的问题，引导学生通过不同角度去思考问题，用不同方法去探究问题，解决问题，最后在师生的共同参与下形成结论。这个过程也使学生的发散性思维得到培养，质疑和创新的精神得到鼓励，避免了传统课堂中只能按照教师的思路去思考，得出唯一答案的弊端。

四、总结归纳，得出结论

学生完成问题探究后，教师要及时引导学生对学习成果进行梳理归纳，构建知识体系。

在总结阶段，笔者提问：植物生长素的发现经历了哪几位科学家的工作？每一位科学家所做出的贡献分别是什么？

汇总学生回答后，笔者用多媒体课件展示对植物生长素发现过程的总结，如图2-4-3所示。

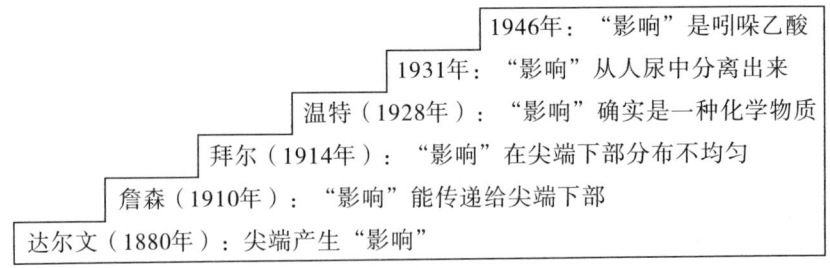

图2-4-3　植物生长素发现历程

笔者同时强调，人类的许多科学发现，就像植物生长素的发现过程这样，经历一代又一代人的探索，才一步一步地接近事实的真相。每一位科学家所取得的进展可能只是一小步，众多的一小步终将汇合成科学前进的一大步。

这样，学生在学习中，不仅学到了知识、技能，也体验了科学探究的艰辛，学习了科学家锲而不舍、实事求是的精神，很好地完成了三维教学目标。

五、联系实际，应用创新

"总结归纳，得出结论"并不等于课堂探究活动的终止，结论不是探究过程的完结，所以，在得出结论后还应不失时机地让学生运用新知识去"联系实际，应用创新"，在解决问题和总结归纳的基础上，使学生的认知呈螺旋式上升。

在新课结束后，笔者给学生布置了课后作业：请根据本节课所学知识来设计方案，要求能培养出如图2-4-4所示的植物造型。

图 2-4-4 植物造型图

这样，通过理论联系实际，把学习活动升华到更高的阶段，将课本知识还原到生活，使生物知识从生活中来、到生活中去。

实例11:"问题导学法"在初中生物教学中的运用[①]

问题导学法是指通过创设特定的问题情境,引导学生主动获取和运用各种信息解决问题,从中构建出有意义的学习体系,以提高学生的自主学习能力和解决问题的能力。"问题"是促进学生构建概念的动力机制,"问题导学法"的一般操作流程如图 2-4-5 所示。

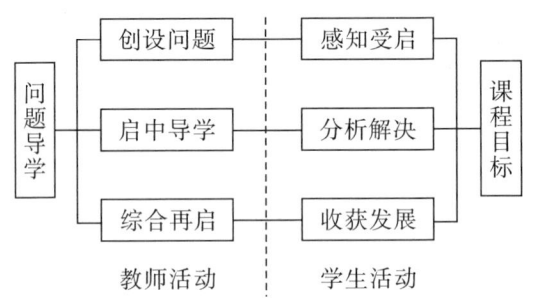

图 2-4-5 "问题导学法"的一般操作流程

一、创设问题,感知受启

"创设问题,感知受启"是指教师通过各种课堂教学手段来创设新、趣、奇、疑的问题情境,让学生感知到新知识,并深受启发,积极主动参与学习的过程。常见的创设问题方式如表 2-4-8 所示。

表 2-4-8 "问题导学法"中常见的创设问题的方式

适用的课型	问题设置形式	问题呈现方式	问题创设时机
任意课型	温故创设问题	印发材料(如导学案),教师口头描述,多媒体手段展现,学生表演	一般应在理论知识的讲解前提出问题
理论课型	故事创设问题		
	新闻创设问题		
活动课型	实验创设问题		
	实践创设问题		

[①] 本文获 2012 年广东省中学生物学教学论文评选一等奖(作者系韶关市一中实验学校谢继生)。

（一）温故创设问题

温故创设问题是指在复习旧知识的同时创设问题情境，进而引入新知识。即在讲授新知识前，以原有的概念为基础，通过问题进行初步感知，进而启发。例如，在"陆地生活的动物"教学中，笔者说："上节课我们学习了生活在水中的动物。如果要求你长时间生活在水中，会遇到什么困难？如果你的身体能随意改变，那应该怎样变才能在水中生活？""如果鱼要在陆地生活，它会面临什么困难？如果它能随意改变，应怎样适应陆地生活？"前两个问题复习了鱼及其他水生动物与水生环境相适应的特点，后两个问题启发学生思考陆地生活的动物适应陆地环境的特点。该方法强调学生在旧知识的基础上对知识的主动探索、主动发现和对所学知识意义的主动建构。

（二）故事创设问题

故事创设问题是指以典型故事为切入点，创设问题情境，启发学生深思，进而感受新知识。问题教学法是它的理论依据，适用于理论课，能把问题趣味化。例如学习"种子萌发的外界条件"时，用"千年古莲"的故事，教师设置了如图2-4-6所示的问题。问题是课堂的主线，它可取自于成语、谚语、生物史等生动的故事，通过"故事设疑—感受新知—明确目标—自主学习"，让学生充分思考并讨论交流，完成知识建构。

千年古莲开花之谜

请思考下列问题：
1. 为什么莲子被埋藏千年之后，经过培育仍可萌发？
2. 种子萌发需要什么条件？并做出假设。
3. 你收集了哪些资料可以证明你所做出的假设？你制订了什么实施计划来验证该假设？
4. 你们小组的实验结果和假设相符吗？为什么？
5. 实验中出现什么问题，你们是如何解决的？
6. 通过交流我们可以得出什么结论？

图 2-4-6　故事创设问题案例

（三）新闻创设问题

新闻创设问题是指以新闻为载体创设问题，进而启发学生深思的过程。它的理论基础是布鲁纳的"发现法"，让学生在教师的指导下，经过自己独立的思考和探索得出问题的结论。该类型适用于理论课，它能将问题生活化，常用"新闻设疑—感受新知—自主学习"的流程。例如学习"预防传染病"一节内容时，笔者用甲型H1N1暴发后笔者所在学校恢复晨检引出问题，如图2-4-7所示，切中学生兴奋点，使学生在饱满的精神状态下完成学习任务。

（四）实验创设问题

实验创设问题是指学生在实验过程中明确学习目标，在动手操作中完成导学

观看录像并思考：
1. 该录像反映的是什么事件后我们学校恢复晨检？
2. 为什么校医要戴口罩？
3. 为什么要把发烧的患者送进医院？
4. 我们应该怎样保护自己不被传染？

图2-4-7　新闻创设问题案例

任务。它的理论基础是杜威提出的"问题解决五步法"。该方式适用于活动课，能把形象实验牵引到抽象概念。探究过程为"实验设疑—激发思维—明确目标—自主探究"。例如在"探究温度对霉菌生活的影响"的教学中，笔者课前带领感兴趣的学生完成该实验，课中让学生介绍完整个实验过程后，引导学生提出可探究的有意义的问题，如"霉菌生活受温度因素影响吗？""霉菌生活受空气因素影响吗？""霉菌生活受阳光因素影响吗？""霉菌生活受水分影响吗？"通过设疑，有意识地引导学生学会运用类比推理、提出假说、控制变量及创造性和批判性思维等进行探究性学习。

（五）实践创设问题

实践创设问题是指通过创设以实践为载体的问题，学生在探求知识、感知认识中受到启发，促进学生思维活动的积极开展，能把问题形象化、生活化，适用于活动课。例如在"生态系统的成分"的教学中，教师可提前2～3天让学生完成一个模拟淡水生态系统的生态瓶的实践活动，把生态瓶放在课室，让学生每天观察。学生观察到在密封的生态瓶中，金鱼藻和小鱼都生存状况良好。学生们会感到很有趣，也很自然地产生"为什么生态瓶中的金鱼藻和小鱼能很好地存活呢？"这一问题，进而让很多学生自主阅读课本、思考并寻找答案。以实践为载体的问题，容易激发学生对知识的探求欲，促进学生思维活动的积极开展。

二、启中导学，分析解决

"启中导学，分析解决"是指教师通过问题引导，启发学生分析和解决问题，让学生准确把握概念，解决实际问题。

（一）教师预设问题，有效构建知识体系

教师预设问题是指教师通过遵循"从具体到抽象""从感性到理性"的认知规律预设问题，来积极启发学生思维，构建知识体系。常见模式为"教师预设问题—学生讨论交流—师生总结归纳—分析解决问题"。如学习"反射"一节可提出：①举出生活中关于反射的事例。②含羞草遇到刺激会收缩属于反射吗？草履虫遇到刺激会收缩属于反射吗？为什么？③请说出"望梅止渴"的反射弧。从一个概念到另一个概念，通过问题启发学生思维。启发所预设的问题，设置要适度，既要注意"数量"，更要考虑"质量"。启发侧重于重点、难点，设问引导多层面、多维度解读，可以采用变化提问、移位提问、串联提问等。

（二）学生预设问题，自主提升探究能力

学生预设问题是指学生质疑设问，引导共同讨论，自主构建知识体系。一般做法为"学生预设问题—共同讨论交流—构建知识体系"。如学习"探究种子萌发时所需要的外界条件"时，有的学生认为种子的萌发还需要光，有的学生则说不需要。学生预设问题引起学生探究的欲望，如进一步探究"光对种子萌发的影响""在现有实验基础上该如何设计探究方案？""实验的现象可能会怎样，最终的结论又是什么？""这一结论是否适用于其他的种子萌发？"经过探讨，学生充分运用对比法和控制变量法，提出增设一组对照实验，增加一个满足"充足的空气、适宜的温度和适量的水分"这一外界条件的实验装置，对它进行遮光处理，通过对实验现象的观察，最终得出相应的结论。至于这一结论是否适用于其他的种子萌发，则应该选用多种种子进行实验验证。问题启发引导学生主动寻求和发现新的问题，激发更多灵感，迸溅智慧的火花，进入新的境界。

（三）课堂生成问题，分析解决实际疑难

课堂生成问题是指生物课中教师利用即兴生成的无法预设的问题，引导学生学习，师生共同分析，最后解决实际疑难的过程。运用过程包括"课堂生成问题—再次启发学生思维—师生共同讨论交流—分析解决实际疑难"等。课堂生成的是一种即兴的机智提问，它的有效性在一定程度上取决于教师的教学理念和随机应变能力。有效倾听是解决生成问题的前提，一方面学生需要一定的思考时间，教师不要随意打断或代替学生回答；另一方面教师要善于将学生的回答转化为有效的教学资源，使之成为教师进一步引导提问的起点和阶梯。

三、综合再启，收获发展

教师通过综合性的问题，再次启发学生活用概念、结构化知识体系，让学生在取得收获、进一步发展能力的同时，体验成功的过程。一般可通过"展示综合性问题—再次启发学生思维—共同讨论交流—解决实际疑难"来完成该过程。如对"呼吸作用"进行归纳小结时，笔者提出某村民下地窖取菜时昏迷乃至死亡的案例，并提出一系列问题：①昏迷的原因是什么？②氧气被谁消耗了？③这是植物的什么作用？④这个过程中物质和能量如何变化？⑤生活中如何运用这一作用？用一系列问题来拓展呼吸作用的概念，既让学生更牢固地掌握主要内容，又使知识继续延伸，达到提高学生运用知识解决实际问题的能力的目标，综合再启，收获发展，达到情感升华。

实践证明，只有让学生成为学习的主角，才能极大地发挥问题导学的直接功能和潜在功能，学生的思维才能得以激活，始终维持在积极主动参与的状态，达到教学目的，从而保证了生物课堂教学的有效性、高效性。

实例12:"问题导学法"五步教学模式对生物课堂效果的初步分析[①]

一、前言

"问题导学法"是以问题为载体,以导学为手段,用来解决教学中的重难点,达到教学目的的教学活动。运用该方法进行教学,要把握好"问""导""学"3个要素。为了研究如何更好地发挥3个要素在实际教学中的作用,提高学生主体意识,发挥其自主学习能力,本研究采用"问题导学法"五步教学模式,对东莞市第五高级中学高一年级进行试验,探究"问题导学法"五步教学模式对高中生物高效课堂效果的影响。

"问题导学法"五步教学模式的主要特征体现在以下几个方面。一是着眼于改变课堂教学环境中的师生关系,改变学生之间的关系,使学生与教师、学生与学生之间的情感处于和谐协调的状态,营造出融洽与合作的教学环境;二是突出学生的主体地位,强调学生的积极参与,培养学生自主、独立获取知识的能力;三是实现教学中主体与客体适时的转化,发挥学生的学习能动性,使学生在受教的过程中,更多、更有效地学习。在整个教学过程中,教与学同步进行,将传授知识、培养能力、发展智力一起抓。

二、方法

(一)班级选择

笔者选取了高一(4)班和(7)班两个班级作为研究对象,在高一上半学期的生物教学当中进行教学改革的实践。两个班级学生的入学成绩相当,整体素质较为相似,其中(4)班按照常规模式进行教学(对照班),(7)班采用"问题导学法"五步教学模式教学(实验班),如表2-4-9所示。

[①] 本文发表于《广东教学研究》2013年第3期(作者系广东省东莞市第五高级中学李洋)。

表 2-4-9 实验班和对照班入学成绩差异分析

班别	人数 / 人	平均分 / 分	及格率 /%	标准差	
（7）班（实验班）	50	61.45	46	15.97	$P > 0.05$ 无显著性差异
（4）班（对照班）	50	61.63	48	15.33	

（二）模式应用

本研究方案的实施时间为 2011 年 8 月—2011 年 12 月，"问题导学法"五步教学模式在中学课堂教学的流程如图 2-4-8 所示。

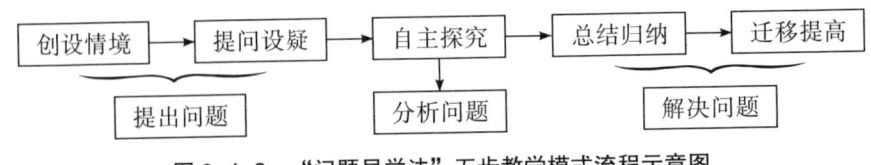

图 2-4-8 "问题导学法"五步教学模式流程示意图

"问题导学法"五步教学模式在中学课堂教学各个环节的量化指标按照以下要点操作。

1. 创设情境

教师根据教学目标、教学内容和学生已有的知识经验和体系，给学生创设一个适当的情境，提供思维空间，启发学生进行合理性的思考，并在此过程中对学生进行引导、疏导、辅导，使学生在层层深入的问题链中进行自主探究、合作探究并最终得出正确的结论。在这一环节中教师主要充当问题的创设者，要把引导学生交流与合作作为目标。

2. 提问设疑

教师通过提问设疑，步步引导，启发学生不断进行思维的探索，激发学生对知识理解的想象能力，充分利用已有的知识体系去学习未知的知识。教师是本环节的问题引导者和启发者，要给出教材中复习的重点和难点，设计引人深思的引导式问题。教师亦是观察者，在学生思考过程中，要善于对每个学生进行观察，为展示环节做铺垫。

3. 自主探究

通过前面两个环节的设置，学生在教师的问题情境下，思考并通过小组合作讨论的形式，对所提出的问题进行自主合作式的探究，利用已有的知识建构，把握核心知识体系，得出合理的判断。在此环节中，教师主要充当观察者的角色，要善于观察小组每位成员以及同桌之间的讨论和交流，并通过展示环节给出学习小组间讨论的结果，积极发挥学生的主体性，增强学生的表达能力和自信心。

4. 总结归纳

总结归纳就是归纳重点、难点，讲解思路，分析得出结论、规律的过程和方法。教师的总结在"问题导学法"五步教学模式中起着非常重要的作用。总结归纳要突出一个"精"字，不仅要使学生掌握知识的重难点，而且还要使学生学会获取知识的方法与技巧。在此环节中，教师应进行及时反馈并矫正。

5. 迁移提高

及时且难度适合的练习是检测学生学习成果并对其所学知识进行巩固提高的一种有效手段，是"问题导学法"五步教学模式中尤其重要的一个环节，让每一名学生梳理自己在练习中的所得，对自己在"展示"前没理解、没想到、没掌握的知识进行查缺补漏，对自己理解有偏差、做错的题目进行反思，根据梳理的结果进行拓展和深挖、总结和归纳，并将其形成自己的知识结构。

三、结果

教师在这一过程中综合应用访谈、成绩对比、课堂跟踪、观察个别学生、记录听课观察表等方式不断进行形成性评价和总结性评价。对成绩结果的考量和测评主要采用短期指标和长期指标两个量化指标。

（一）短期指标

实验班和对照班的学生对"细胞的基本结构"一节知识点的记忆准确率可以分成两个不同的趋势，如图2-4-9所示。从整体上看，两个班级准确率人数都呈现出先增加后减少的趋势，以准确率70%为临界点。

采用"问题导学法"五步教学模式的实验班明显在整体上优于采用普通教学模式的对照班，实验班的低准确率（<60%）的人数少于对照班的人数，而高准确率（>60%）的人数又明显高于对照班的人数，因此从整体上看实验班的平均准确率要明显优于对照班。所以"问题导学法"五步教学模式对学生知识点的掌握情况可以起到明显的提升作用。

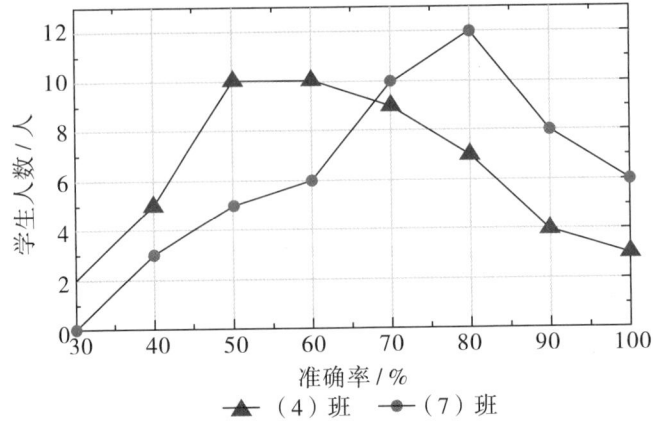

图 2-4-9 细胞结构知识点记忆准确率对比图

（二）长期指标

笔者对长期指标整体做了检验与评定，主要对比实验班和对照班期中和期末考试成绩图，如图 2-4-10 和图 2-4-11 所示。从图中分析可知，实验班和对照班在不同成绩分数段的人数有明显的差异性。从高分数段来看（>80分），在期中和期末考试中，实验班分别有 4 名和 3 名学生超过 80 分，而对照班则分别只有 0 名和 1 名学生超过。按照及格的标准来看，在期中考试中实验班有 22 名学生超过及格线（60 分），而对照班超过及格线的学生只有 15 名；期末考试从趋势上看与期中考试相差不大，实验班有 21 名学生及格，但对照班及格的学生则减少到 10 名，低分数学生的数量明显增加。这说明随着时间的推进，"问题导学法"五步教学模式对班级授课的影响效果逐步明显，在该模式教学下的班级成绩相对稳定，而在常规教学模式下的班

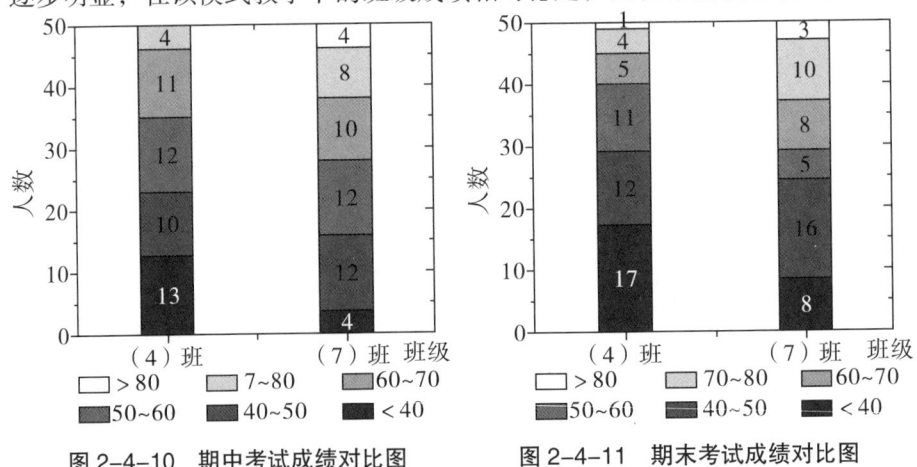

图 2-4-10 期中考试成绩对比图　　图 2-4-11 期末考试成绩对比图

级成绩则产生较大变化，两极分化比较明显，高分率学生人数减少，低分率学生的人数增加，整个班级平均分被拉低。

由表 2-4-10 和表 2-4-11 可以看出，在半个学期的两次大型考试中，对比实验班与对照班的平均成绩和及格率可以发现，两次考试的平均分和及格率均是实验班较高；分析标准差可知两次考试中 P 值均小于 0.05，说明两个班级对比显著性差异明显。尤其需要注意的是，实验班的标准差期末比期中略有下降，说明实验班的学生成绩高分与低分之间的距离缩短，两极分化现象有明显好转；而对照班的标准差反而有所上升，说明随着时间的推移，两极分化现象越来越显著。

表 2-4-10　实验班和对照班期中考试成绩差异分析

班别	人数/人	平均分/分	及格率/%	标准差	$P<0.05$ 显著性差异
（7）班（实验班）	50	57.33	44	14.56	
（4）班（对照班）	50	49.34	30	16.86	

表 2-4-11　实验班和对照班期末考试成绩差异分析

班别	人数/人	平均分/分	及格率/%	标准差	$P<0.05$ 显著性差异
（7）班（实验班）	50	54.90	42	13.58	
（4）班（对照班）	50	47.51	20	17.32	

四、讨论

通过以上分析证明，"问题导学法"五步教学模式对高中生物教学可以起到明显的提升作用，可以大大加强学生对知识的记忆效率，对高中生物高效课堂效果有明显的提高，从而最大限度地提高学生的学习成绩，并在此过程中帮助学生树立自信，使其获得成功的喜悦。因此，"问题导学法"五步教学模式是一种便于操作且可行性较强的教学方法，值得在高中生物教学中推广。

五、结论

通过实验班和对照班教学实践分析可以得出以下结论。

（1）"问题导学法"五步教学模式符合学生的认知发展规律，能激发学生的学习兴趣，学生乐学、主动学，师生双方的主动性能得到充分发挥。

（2）"问题导学法"五步教学模式能帮助学生提高记忆效率和学习成绩，使学生获得成功的喜悦，进而树立自信。

（3）学生喜欢并易于接受"问题导学法"五步教学模式，且其有利于培养学生良好的学习习惯和学习方法，达到减负增效、大面积提高教学质量的目的。

第五章 问题导学法：高效课堂

课题主持人杨计明依据"生物学'问题导学法'教学研究"总课题界定的"问题导学法"核心概念，即"在系统科学理论、建构主义理论、多元智力理论指导下，把教学内容转化为有价值的、值得探究的、有多种解决方法的生命科学问题，在教师的引导、疏导、辅导下，创造条件让学生自主、探究、合作学习"，对总课题实施思辨研究、行动研究和实证研究，指导开展"问题导学法"课题研究，覆盖面的研究。本章试图践行"问题导学法：高效课堂"。

面的研究，是指在"十二五"期间，结合广东省教育研究院教研室工作，将总课题研究与教学研究、教研活动有机整合，通过全省中学生物教学研讨活动，开展以生物学"问题导学法"为主题的教学课例展示、交流和评选教研活动，推进本课题的研究，总结一批面上学校生物学"问题导学法"实践模式的感性经验成果，为提炼生物学教学"问题导学法"理论模型的理性研究成果提供参考。

由杨计明主持召开的广东教育学会中学生物教学专业委员会学术年会（2015年）"问题导学 高效课堂"优质课例（每节现场课例实录包含教学设计PDF、教学课件PPT、教学课例MP4等三大内容）精选入杨计明主编《广东省中学生物教学成果精品（2015）》电子出版物，由广东音像教材出版社于2016年出版。

由杨计明主持召开的广东教育学会中学生物教学专业委员会学术年会（2017年）"问题导学 高效课堂"优质课例（每节现场课例实录包含教学设计PDF、教学课件PPT、教学课例MP4等三大内容）精选入杨计明主编《广东省中学生物教学成果精品（2017）》电子出版物，由广东音像教材出版社于2018年出版。

本书在覆盖全省"问题导学 高效课堂"优质课例基础上，优选初中课例2节（实例1~2）和高中课例2节（实例3~4）2016年送中国教育学会生物学教学专业委员会第16届学术年会并获评一等奖优质课例。其中，东莞中学松山湖学校吴丰的课例（实例3）在2016年中国教育学会生物学教学专业委员会第16届学术年会上现场展示。本章展示"问题导学 高效课堂"教学设计的4个实例。

实例1：探究细胞膜控制物质的进出[1]

一、教学指导思想

生物是一门非常重视观察与实验的科学，是一门实践性很强的科学。因此，在实验教学中，要注重以陶行知的"生活教育"理论为指导思想，让学生从生活常识出发，引导学生根据生活中见到的现象进行思考，解决生活中和实验中遇到的问题。

对于初中生本实验教学主要的理论依据就是发现式教学模式，让学生观察思考，自主探究，发展以学生为主体、教师为引导的课堂模式。

本节课的教学特色是注重学生知识形成和探究过程中获得的经验和方法的积累，使学生初步学会自主学习，形式上可以采用动手、动脑、动口相结合，讨论、总结、归纳等形式的学习，培养学生从生活情境中发现问题并用所学知识解决问题的能力。

二、教学分析

（一）教学内容和学情分析

本节课是人教版七年级生物学上册"细胞的生活"中的内容，书本对细胞膜怎样控制物质的进出阐述得非常简单，但这个知识点却是联系高中"细胞膜的选择透过性"知识的重要纽带，而且由于细胞膜很难用肉眼看到，所以本节课主要以实验探究的形式形象地展示细胞膜控制物质进出，以外在的实验现象展示这一特性，突破这一难点。

初中学生已具备以下基础要点。

（1）知识基础。即学生已学习了细胞的基本结构和细胞的生活。

（2）能力基础。即初步具备参与探究实验设计和操作能力。

（3）心理基础。具有强烈好奇心及浓厚的观察研究兴趣，但对探究实验设计能力还需进一步提高。

---

[1] 作者系广东省深圳市宝安中学刘雪姣。

（二）实验教学分析

本节课主要探究小分子物质（水分）的进出及大分子物质（色素）的进出两个实验。第一个实验采用全体学生共同探究，学生根据教师准备的材料设计实验的形式；第二个实验采用分组探究，学生设计实验并自己选择材料的形式。本节课的难点是令学生能总结出是细胞膜控制物质进出并具有选择透过性这一特性。通过两个不同的实验，学生看到了萝卜条和苋菜的不同的现象，因此能总结出这一特点。由于整个实验都是从宏观上让学生看到了物质进出细胞的现象，不能总结出是细胞膜在起控制作用，所以为了突破这一难点，设计了观察几种处理情况下细胞的显微结构图，从显微结构图中发现细胞膜的变化，从而得出相关结论。

1. 探究细胞膜控制水分的进出

细胞膜是肉眼无法看到的，如果只讲解细胞膜可以控制物质进出，学生还是很难理解。传统实验是观察质壁分离和质壁分离复原实验，以及利用红细胞吸水和失水观察细胞膜的实验，两个都是微观实验，操作比较复杂。所以针对七年级的学生，笔者对实验进行了改良，以比较宏观的方法，即萝卜条放入盐水和清水中的软硬变化来判断萝卜条水分的进出情况，从而总结出细胞膜控制水分的进出。

2. 探究细胞膜控制色素的进出

在探究细胞膜控制大分子物质运输中，传统教学是采用了U形管，在其底部中间用了半透膜模拟细胞膜，一侧放葡萄糖溶液，一侧放蔗糖大分子溶液，通过观察两侧溶液的变化来判断细胞膜的作用。这个实验对学生的知识要求很高，而且也不易操作。所以笔者将实验进行改良，选择了用苋菜叶中非常明显的红色素进行探究。

三、教学目标

1. 教学目标

（1）知识性目标。观察植物细胞物质进出现象，阐明其控制物质进出的基本规律。

（2）技能性目标。自主设计探究实验，总结出控制变量的方法，得出合理的结论。

（3）情感态度价值观。体验探究的一般过程，能用探究性思维解决生活的问题。

2. 教学重点

探究"细胞的吸水和失水",以及色素进出细胞的实验设计。

3. 教学难点

细胞膜控制物质进出的原理以及探究实验的设计。

四、教学准备

提前准备好要展示的放置一天的、用盐水浸泡过的萝卜条,以及清水泡过的萝卜条,另外在学生的实验桌上放置好烧杯、萝卜、清水、刀片,配置好 20% 的盐水等。第二个实验是学生自己设计选材,教师课前先准备好用来展示的萎蔫的苋菜和叶片饱满的苋菜,以及学生可能用到的烧杯、加热所需的器材、盐水、盐酸、清水等,放置在实验室的一侧桌子上。

五、教学过程

教学环节	教师活动	学生活动	设计意图
承前启后 引入新课	开场白:这张图展现的是细胞的什么生理过程?(图片展示了细胞膜控制物质进出)细胞膜具体是怎样控制物质进出的?今天我们就用实验来共同探讨一下	学生先回顾以前学习的知识,联想书本上的图片,并和幻灯片上的图做对比。 (回答:细胞膜控制物质进出)	回顾旧知识,加强前后知识的联系,简单明了
实验探究 开拓思维	一、探讨细胞膜对小分子(水分)进出细胞的控制 1. 展示现象,提出问题。教师展示已放置一天的萝卜条,怎样让手中的萝卜条变得硬挺,或者让此萝卜条变得更加萎蔫呢? 2. 这样设置是为了探究什么物质进出了细胞呢?	1. 学生根据现象讨论:可以将萝卜条放入清水中使之变得硬挺,放入盐水、糖水中或空气中风干、烤干等可以使之变得萎蔫。 2. 学生回答:水分。 3. 学生总结:水的多少要一样;烧杯大小、性状要一样;萝卜条的大小、形状要一样,在同一个萝卜上切取,放置的时间要一样;等等	联系生活,培养学生观察、发现问题的能力

续上表

教学环节	教师活动	学生活动	设计意图
实验探究 开拓思维	3. 制订计划。 如何设置可以使实验变得更加严谨，控制哪些条件保持一致（控制变量法）？ 4. 实施计划。 教师首先准备好清水，盐水（0.9%盐水，20%盐水），学生根据桌上的材料自己完成实验。 5. 结果讨论，得出结论。 从我们的实验结果中可以得出什么结论？ 6. 生活应用。 如果你想让蔬菜看起来饱满新鲜，应该怎么做？或者你想吃腌菜时怎么做？ 二、探究细胞膜控制大分子（色素）进出的情况 1. 观察现象，提出疑问。 引入：除了萝卜以外，其他的菜也同样遵循这样的规律。（展示用盐水泡过的苋菜和用清水泡过的苋菜）盐水泡过的苋菜水分能流出来，但有什么方法能让色素流出细胞呢？ 2. 制订计划，实施计划。 模仿上述水分进出细胞实验，需要用到哪些器材，请小组讨论后各派1名同学上来选器材。 3. 展示结果。 教师在学生做实验过程中，在黑板上设计统计表格	4. 学生根据桌上已经有的萝卜条、盐水、清水、烧杯、小刀等材料，分工协作完成实验。 5. 学生展示结果并得出"水分可以进出细胞是与外界的溶液有关系""细胞膜可以控制水分的进出"等结论。 6. 学生回答：洒水可以使蔬菜看起来饱满新鲜，用盐水泡制可以做腌菜。 （1）学生思考回答：学生根据平时吃苋菜联想到，可以采用加热、磨碎、加盐水等方法。 （2）小组讨论后，派代表总结自己小组的方法及所需要的器材，然后选器材，开始实验。 ①磨碎法。所需要的材料：研钵、水等。 ②加热。所需要的材料：石棉网、酒精灯、三脚架、烧杯、水等。 ③用酸泡。所需要的材料：配置好的稀盐酸、水、烧杯等。 ④用盐水泡。所需要的材料：盐水、清水、烧杯等。 （3）学生分小组上台来展示实验结果，并得出自己的结论。 每个小组展示完后，在黑板的表格里写上自己的结论	让学生学习实验探究的方法，体验科学探究的过程，感受科学的严谨性，培养学生的实验设计能力，以及严谨科学的态度。 通过合作讨论，学生之间互相学习，取长补短，达到共同提高的目的。 通过让学生探讨不同的方法，培养学生发散性思维的能力；同时通过让学生自己设计对照实验、选择材料，使学生对整个实验思路非常清晰，能自己发现问题、解决问题

续上表

教学环节	教师活动	学生活动	设计意图
层层递进 探究本质	1. 引入：加热、加酸、磨碎都能使细胞中的色素流出来，而加盐水并不能使水变红，这是什么原因？ 2. 提问：是不是破坏了细胞膜的结构会影响物质进出呢？（展现正常细胞、加盐水、加热3种状态下细胞的显微图，让学生看看这3种状态下，细胞有什么不同？） 3. 总结提问：这说明了什么？ 4. 生活应用：有些不良商贩为了使某些食品看起来色泽更鲜艳，因而对食品进行染色。你怎样确定食品是否染色了？	1. 学生猜想：可能是前面几种方法破坏了细胞膜的结构。 2. 学生答：3种状态细胞膜形态不同，正常状态下细胞膜紧贴细胞壁，几乎看不到，加盐水时细胞膜有皱缩，加热时细胞膜被破坏，而细胞壁在3种状态下几乎没有什么变化。 3. 大分子的色素进出细胞必须要破坏细胞膜，而小分子的物质进出细胞是不用破坏细胞膜的，说明物质进出细胞是细胞膜在控制。 4. 将食物泡在清水中看是否有颜色流出来。如果水发生了变化，说明食品是染色的	层层设疑问，逐步引导学生找寻根本原因，探究事物的本质，开发学生的探究思维
拓展新知 升华迁移	细胞膜为什么能够控制物质的进出？这跟细胞膜的结构特性和成分都有关系，因为结构和功能是相适应的。让我们在高中的课程中了解得更清楚	学生产生疑问，带着兴趣和疑问期待着高中课程的深入讲解。 课后自己查阅资料，找寻更深层的答案	循序渐进，达到升华拓展的目的，延伸问题，从而培养学生自主学习的能力

六、反思总结

（一）本节课的创新之处

本节课用实验的方式帮助学生突破知识难点，加深了学生印象，这也是秉承新课标对课程改良的一个重大尝试。本节课中的实验联系生活，选材简单，操作简便，实验结果明显，这有效提高了学生的学习兴趣和动手能力。

另外，实验设计层层递进，让学生逐步深入难点，逐步加深设计难度，不仅提高了学生的实验设计能力，且其对知识的掌握和概括能力也大大增强。

（二）整个教学过程体现了五个转变

整个教学过程体现了五个转变：教师从讲授者转变为指导者；学生从被动的接受者转变为主动参与的学习主体；媒体从演示工具转变为学生的认知工具；教学过程从设疑、分析、讲授转变为学生发现、探索、构建知识、培养能力；教学模式从教师讲授式转变为自主型与探究型相结合。

这五大转变努力让学生参与概念和原理的建立过程、生物知识结构的构建过程及生物问题的解决过程，充分体现了过程性、主体性、发展性的教学思想。在探究学习和自主学习中，如何进一步调动每一位学生的积极性，充分发挥每位学生的潜在能力，还有待于进一步研究。

（三）进一步的改进设想

这次实验设计了观察苋菜叶片色素流出的现象，那么色素进入细胞需要的条件是不是也一样呢？如用红墨水对生玉米和熟玉米进行染色并观察得出结论。另外，同一种物质在不同植物中进入情况是不是一样呢？通过以上这些改进设想延伸知识，激起学生对细胞膜的选择透过性这一知识点更深层次的思考。

实例2:光合作用吸收二氧化碳释放氧气[①]

一、教学指导思想

"光合作用吸收二氧化碳释放氧气"是人教版《生物学(七年级上册)》第三单元第五章"绿色植物与生物圈中的碳氧平衡"中的第一节,主要内容有:光合作用利用二氧化碳作为原料;光合作用还能产生氧气;光合作用原理在农业生产上的应用。

"验证绿叶在光下吸收二氧化碳"是本节的探究实验,该实验与此节中的另一个演示实验"探究绿色植物在光下放出的气体"相结合,使学生明确绿色植物通过光合作用吸收二氧化碳并产生氧气,从而在维持生物圈的碳—氧平衡中起着重要作用。

依据《义务教育初中生物学课程标准(2011年版)》的要求,本节内容的教学要求教师帮助学生形成"绿色植物能利用太阳能(光能),把二氧化碳和水合成贮存了能量的有机物,同时释放氧气"的重要概念。新课标强调学生的实践活动,倡导探究性学习,注重知识生成的过程。

由于本实验器材难配备、实验时间长、成功率低,学生操作非常困难,无法分组独立实验。如果完全按照教材的实验编排,很难达到本节课的教学目标,在以往的授课中一般很少开展,教师往往只是对教材上的实验装置图进行分析,或者直接告知学生结论。这种实验授课方式,不能从直观上使学生认同这一结论,同时也违背了学生掌握知识的一般规律和新课标的相关要求,不利于培养学生的科学素养和探究能力。为了克服上述问题,笔者引导学生通过精心设计和大胆创新,改进实验装置和方法,收到了很好的效果。

二、教学分析

(一)教学重点、难点

重点:验证光合作用吸收二氧化碳释放氧气。

难点:设计出一份合理的探究实验设计方案。

(二)实验内容与方法设计

如果完全按照教材的实验编排,很难达到本节课的教学目标。因为原探

[①] 作者系广东省深圳市翠园中学初中部陈乃权、尹丽杰。

究实验装置存在很多不足，如实验组和对照组的叶片的生活环境不同，无法完全控制变量；氢氧化钠有腐蚀性，对于七年级学生来说，存在严重的安全隐患；原演示实验装置在实际操作时也有很多问题，如漏斗紧扣在金鱼藻上，藻类不容易分散开，影响光照效果，收集氧气非常困难，成功率低，学生操作非常困难，无法分组独立实验；等等。

学情分析：七年级学生学习本课具有求知欲强，思维活跃、敢于质疑，渴望探究，同时对光合作用的场所、条件等有了初步了解的有利因素，也存在掌握的理化知识比较少、推理能力不强等不利因素。

笔者引导学生通过精心设计和大胆创新，改进实验装置和方法，克服了上述问题，收到了很好的效果。具体改进方法如下：

（1）在清水中加入适量的溴麝香草酚蓝（Bromothymol Blue，BTB）溶液并用吸管吹气法配制含有高浓度的二氧化碳水溶液，作为备用液。

（2）往装有金鱼藻的透明饮料瓶加入备用液至离瓶口约 30 mL 处，慢慢用力挤压，将瓶内气体排出时拧紧瓶盖。

（3）光照。优点：可根据 BTB 水溶液（一种灵敏的酸碱指示剂，对光不敏感。水溶液弱酸性时呈黄色，中性偏碱时呈蓝色）的颜色变化观察水中二氧化碳含量的变化，根据带火星的木条是否复燃验证光合作用吸收二氧化碳释放氧气，根据呼吸作用吸收氧气释放二氧化碳，验证光或二氧化碳浓度与光合作用的关系。改进后的实验装置简单巧妙，实验现象更清晰，操作简便，适于分组实验。

三、教学目标

1. 知识目标

（1）明确植物在光合作用中吸收二氧化碳释放氧气的原理。

（2）掌握检验光合作用所需条件的方法。

（3）掌握验证绿叶在光下释放氧气的方法。

2. 能力目标

（1）倡导学生进行探究性学习。

（2）培养学生的实验操作能力。

3. 情感态度与价值观目标

（1）充分体会合作、交流、分享对学习的重要意义。

（2）认同绿色植物进行光合作用的重要性，养成爱护绿色植物的情感。

四、教学准备

实验器材：量筒、吸管、透明饮料瓶、BTB 溶液、大烧杯、短颈漏斗、火柴、滴管等。

实验材料：凡士林，带有顶芽的金鱼藻或黑藻等。

五、教学过程

教学环节	教师活动	学生活动	设计意图
创设情境 巧妙导入	展示需要消耗氧气的相关图片，设置"氧气真的会用完吗？""光合作用看不见摸不着，它究竟是怎样进行的呢？"等层层深入的问题	质疑、思考、讨论，回答相关问题。 根据生活经验和所学的知识，围绕光合作用是怎样进行这个主题提出问题并做出假设	创设情境，巧妙设疑，激发兴趣，精巧导入
改进实验 优化方案	出示教材实验图片；设置实验变量、实验现象及原因等相关问题。 引导学生分析教材实验中有关实验材料、实际操作等方面的不足。 如何改进： 采用设疑逆推的方式，引导和培养学生分析问题，寻找解决问题的办法，形成严谨的实验设计思路，完成实验设计	讨论归纳： 1. 实验变量。 2. 预测实验现象及原因。 讨论分析： 实际操作困难 实验组和对照组的叶片的生活环境不同，变量不好控制；氢氧化钠有腐蚀性，不安全；演示实验中漏斗紧扣在金鱼藻上，藻类不容易分散开，影响光照效果，收集氧气非常困难，成功率低，操作困难，无法分组独立实验	引导学生通过精心设计和大胆创新，改进实验装置和方法，使实验装置简单巧妙，实验现象更清晰，操作简便，适于分组实验。突破难点，完成实验设计

续上表

教学环节	教师活动	学生活动	设计意图
改进实验优化方案	设疑逆推路径： 1. 如何检测二氧化碳？（用石灰水）这种检测方法不足之处是什么？还有其他方法吗？ 2. 假设叶片通过光合作用产生了氧气，用什么来检测氧气？（带火星的木条，氧气使带火星的木条复燃）直接将带火星的木条放到绿叶上行吗？（不行）为什么？（氧气太少）怎么办？（收集）如何收集？（金鱼藻产生的氧气自动收集在排出气体的透明饮料瓶中）	改进措施： 1. 用BTB溶液检测二氧化碳浓度。 2. 用装有金鱼藻的透明饮料瓶收集氧气。 相互交流，归纳方案： 1. 在清水中加入适量的BTB溶液并用吸管吹气法配制含有高浓度的二氧化碳水溶液。 2. 往装有金鱼藻的透明饮料瓶中加入备用液至离瓶口约30 mL处，慢慢用力挤压，将瓶内气体排出时拧紧瓶盖。 3. 光照	
动手实践探索新知	引导学生以小组为单位，自主动手合作组装实验装置。在这个过程中，笔者只是充当了一个指导者，在发现学生实验中的不足时进行指导	以小组为单位按照实验方案进行实验，观察记录	培养学生的动手实践能力，将理论内化为能力，上升到操作层面
感悟收获提炼总结	引导学生以小组为单位分析实验现象，得出结论并做出评价。教师对每组实验布局的合理性、实用性应给予充分的肯定，对于实验结果与假设不一致的，引导学生分析原因，重新设计实验方案并检验假设	以小组为单位分析实验现象，得出结论并做出评价	引导学生初步构建光合作用吸收二氧化碳释放氧气这一概念

续上表

教学环节	教师活动	学生活动	设计意图
感悟收获 提炼总结	引导学生联系所学的知识和实验结果，从光合作用的原料、条件、场所、产物以及反应式等方面自主归纳总结光合作用的实质和意义并相互交流，引导学生体会合作、交流、分享对学习的重要意义，激发学生认同绿色植物光合作用的重要性，养成爱护绿色植物的情感	联系所学的知识和实验结果，从光合作用的原料、条件、场所、产物以及反应式等方面自主归纳总结光合作用的实质和意义并相互交流；体会合作、交流、分享对学习的重要意义；认同绿色植物光合作用的重要性，养成爱护绿色植物的情感	提炼总结，构建、生成和完善概念，感悟合作、交流、分享和爱护绿色植物的情感收获
拓展延伸 延续探索	总结并留疑：本实验装置是否可以进一步探究光合作用的实质，比如探究光或二氧化碳浓度与光合作用的关系？	设计相关实验方案，探究光或二氧化碳浓度与光合作用的关系	进一步激发学生的探究、创新能力，为学生进一步思考和探究预留空间

六、反思总结

（一）学生反思与评价

为了多方位了解学生的学习状况信息，笔者将多样评价手段融入常规教学活动，实现评价"促进学习和改进教学"的作用。

（二）教师反思与评价

新课标强调学生的实践活动，倡导探究性学习，注重知识生成的过程。为了更好地践行课标的相关要求，发挥学生的主体性及教师的主导作用，笔者对本实验做了以下改进。

（1）转变教学思维——变教师改进实验为学生自主改进实验。以往的实验改进一般都是教师为了提高教学效率，根据教学经验和知识积极思考和探索的结果，往往忽略了学生的主体作用和思维创造作用。本次实验教学注重引导学生观察，思考和质疑教材原实验装置的不足之处。笔者通过教师设疑逆推的方式引导学生自主分析和解决问题，通过学生相互交流、自主改进实验，充分发挥学生的创新能力和合作能力。

（2）转变实验形式——变教师演示实验为学生分组实验。笔者引导学生通过精心设计和大胆创新，改进实验，使实验装置变得简单巧妙，实验现象更清晰，在操作简便的基础上，启发引导学生自主完成实验设计并以小组为单位按照实验方案进行实验。此转变增加了学生动手操作机会，加强了实验基本功的训练，培养学生的动手实践能力，将理论内化为能力，上升到操作层面。

（3）改进实验方法——变滴加澄清石灰水法为 BTB 检测二氧化碳的存在和变化，变漏斗收集气体为封闭的饮料瓶收集气体。教材实验是通过澄清石灰水方法检测二氧化碳的存在，不易观察到明显现象。笔者通过启发引导学生将二氧化碳挤压到 BTB 水溶液中，根据 BTB 水溶液的颜色变化观察水中二氧化碳含量的变化。教材实验是通过漏斗紧扣在金鱼藻上收集氧气，这样做藻类不容易分散开，影响光照效果，收集氧气非常困难，成功率低，学生操作非常困难，无法分组独立实验。笔者启发、引导学生将教材的烧杯和漏斗改为透明饮料瓶，将装有金鱼藻和备用液的透明饮料瓶通过慢慢用力挤压的方法将瓶内气体排出后拧紧瓶盖，形成适当的密封空间。这样，金鱼藻光合作用产生的氧气就收集于前面通过挤压排出瓶内气体形成的密封空间中。这样操作更简单，实验现象更清晰。

（4）改进实验材料——变废为用。选择透明饮料瓶代替烧瓶和漏斗瓶做实验，实验器材来源于生活，容易取得，成本低，且操作更简便，实验效果更明显。

实例3：探究环境因素对金鱼藻光合作用强度的影响[①]

一、教学指导思想

《普通高中生物课程标准（实验）》倡导探究性学习，力图促进学生学习方式的变革，引导学生主动参与探究过程，逐步培养学生搜集和处理科学信息、获取新知识、批判性思维、分析问题和解决问题，以及交流与合作等方面能力等，重在培养创新精神和实践能力。该课程标准还指出教师在重视定性实验的同时，也应重视定量实验，让学生在量的变化中了解事物的本质。

本课例"探究环境因素对金鱼藻光合作用强度的影响"采用5E教学模式。5E教学模式是美国生物学课程研究所开发的一种基于建构主义教学理论的教学模式，包括吸引（Engage）、探究（Explore）、解释（Explain）、迁移（Elaborate）、评价（Evaluate）5个环节。

我们现在将"环境因素影响光合作用强度"这一概念分拆为"光照强度影响光合作用强度""光质影响光合作用强度""温度影响光合作用强度""二氧化碳浓度影响光合作用强度"四个小概念。全班同学分为4个大组分别就一个小概念开展探究实验。每个大组完成探究实验后，汇报交流实验结果。全班同学共同学习4个小概念，最终完成对"环境因素影响光合作用强度"这一重要概念的整体构建。

二、教学分析

（一）学情分析对象

东莞中学是广东省一级学校，非常重视学生综合素质的提高，尤其是理科的实验能力。高一学生已经学习了光合作用场所、原料、产物等知识，但是对光合作用的理解还有待进一步加深。学生已经初步接触探究性实验，但主要是定性实验，对于定量实验接触不多，尤其是对自变量的定量控制、因变量的定量检测不够熟悉。

[①] 作者系广东省东莞市东莞中学松山湖学校吴丰。

（二）重难点分析

本实验的教学重难点如表 2-5-1 所示。

表 2-5-1 "环境因素影响光合作用强度"一节的重难点

重难点	分析	采取措施
教学重点	研究环境因素对于光合作用强度的影响规律	每个大组探究一个环境因素，学生代表发言，最终共同完成对"环境因素影响光合作用强度"这一重要概念的整体构建
	设计探究性实验	设计 3 次实验
	动手完成实验，记录实验数据	教师介绍实验装置使用方法，兴趣小组的学生指导、帮助每个大组完成实验
教学难点	提高创新能力	学生开发实验装置
	实验时间不易掌控	本实验分为 2 个课时完成。第一课时主要完成三次的实验设计，第二课时主要完成实验操作、实验记录、讨论和反馈活动

三、教学目标

（一）知识目标

（1）了解影响光合作用强度的环境因素。
（2）研究环境因素对光合作用强度的影响规律。

（二）能力目标

（1）创新光合作用探究仪。
（2）设计探究性实验。
（3）实施实验方案，收集数据。

（三）情感目标

养成严谨的科学态度和乐于探究、勇于创新的科学精神。

四、教学准备

导学案;学生实验分组表;模拟实验软件、表现性评价量表;实验材料(包括 LED 白光灯带 5 m、控制开关、调光旋钮、220 V 转 12 V 变压器、双层透明亚克力管、12 寸① 风扇、500 mL 细口瓶、双孔硅胶塞、玻璃棒、1 mL 移液管、2 mL 移液管、金鱼藻、天平、$NaHCO_3$、手表等)。

五、教学过程

采用探究式教学,课堂分为 5 个环节:情境吸引—实验探究—解释阐述—拓展迁移—评价反馈。

(一)第一课时

教学环节	教师活动	学生活动	设计意图
情境吸引 (Engage)	1. 利用温室大棚的图片创设情境,引导学生思考问题,激发学生学习兴趣。一系列问题包括:为什么要补充光照?补充什么颜色的灯最好?为什么要开窗户?为什么要装空调? 2. 引导学生提出探究问题	1. 学生思考问题,尝试解释温室中补光、装空调和开窗户的原因。 2. 学生提出很多有价值的探究问题,然后确定探究环境因素(光照强度、温度、二氧化碳浓度、光质)对金鱼藻光合作用强度的影响	从周围生活中引发问题,将学生引入学习状态,同时了解学生已有背景知识和相关概念

---

① 编者注:1 寸 =3.33 cm。

续上表

教学环节	教师活动	学生活动	设计意图
实验探究 （Explore）	1. 组织学生独立完成"全开放"的实验设计。 2. 提供模拟实验需要的器材和实验方案。 3. 介绍"叶绿体"兴趣小组和教师一起开发的光合作用综合探究仪的使用方法和优点。 4. 采用头脑风暴的方式，组织学生讨论展示在黑板上的实验设计，引导学生进一步完善实验设计	1. 每个学生完成一个完整的实验设计。 2. 两名学生上讲台用电脑选择实验器材和实验方案，并解释选择的理由。小组之间相互评价，补充漏掉的实验器材。 3. 明确创新装置的使用方法，尤其是风扇、双层亚克力管、玻璃棒和移液管的使用。 （图：LED灯带、大亚克力管、LED专用调光旋钮、风扇、小亚克力管、双孔塞、细口瓶） 4. 光照强度组、温度组、二氧化碳组和光质组分别就一个不完善的实验设计进行讨论并予以修正，然后由每个大组派出一个代表解释修改的理由。 （1）光照强度大组指出：原实验设计违背了对照原则、重复原则、单一变量原则，因变量检测不合理。 （2）温度大组指出：原实验设计违背了单一变量原则和重复原则。 （3）二氧化碳大组指出：原实验设计的自变量设置方法不合理。 （4）光质大组指出：原实验设计违背了等量原则和重复原则，因变量检测方法不合理	通过模拟实验提高学生学习的积极性；通过改进装置提高学生的创新能力；通过3次实验设计提高学生的实验设计能力

（二）第二课时

教学环节	教师活动	学生活动	设计意图
实验探究（Explore）	1. 组织学生做好实验准备工作。 2. 组织学生探究光照强度对金鱼藻光合作用强度的影响。 3. 组织学生探究温度对金鱼藻光合作用强度的影响。 4. 组织学生探究二氧化碳浓度对金鱼藻光合作用强度的影响。 5. 组织学生探究光质对金鱼藻光合作用强度的影响	1. 学生称量金鱼藻、配制 $NaHCO_3$ 溶液。 2. 光照强度大组通过调光旋钮和光照计设置不同的光照强度。 3. 温度大组巧妙利用水浴原理设置不同的温度开展实验。 4. 二氧化碳大组通过配制不同浓度的 $NaHCO_3$ 溶液为光合作用提供不同的二氧化碳。 5. 光质大组使用不同颜色的 LED 灯进行光合作用	通过分组实验提高学生的动手能力、管理能力和合作能力
解释阐述（Explain）	1. 组织各个大组展示员在黑板上绘制光合作用强度曲线。 2. 引导学生找出实验结果和预测结果的差异，分析 5%$NaHCO_3$ 溶液中光合作用强度下降的原因。 3. 根据学生们对问题的分析，确定兴趣小组的下一步实验课题	1. 学生建立数学模型。 2. 学生分析原因可能有：气密性不好；pH 值发生变化；细胞失水出现质壁分离。 3. 学生提出下一步实验课题：如观察金鱼藻细胞在 5%$NaHCO_3$ 溶液中是否发生质壁分离	引导学生学会分析实验结果，探究事物发展的客观规律
拓展迁移（Elaborate）	提高蔬菜大棚产量可以考虑补充干冰、补充白光、改变昼夜温差等	学生利用新获得的知识解决新问题	提高学生解决实际问题的能力
评价反馈（Evaluate）	在探究性实验设计和实施中，组织开展学生的自我评价、相互评价和教师点评	学生进行自我评价、相互评价，并体验合作和成功带来的喜悦	充分利用小组合作的力量，调动学生学习的积极性

六、反思总结

1. 充分发挥兴趣小组在探究性实验课堂的作用

探究性实验任务重、挑战大，仅仅依靠任课教师和实验教师难以完成。兴趣小组的同学不仅全程参与开发了全新的光合作用探究仪，为开发探究仪提供金点子；而且指导各个大组的同学开展实验，充当课堂的小助手。

2. 学生分组实验教学中尝试表现性评价

表现性评价侧重于评价学生实际操作能力。本实验尝试对学生实际操作和学业成果两个方面进行评价。本实验的导学案和评价量表是我们教学的新尝试，改变了以往单一的评价方式。

实例4：生物组织中可溶性还原糖、脂肪、蛋白质等鉴定试验[①]

一、教学指导思想

为了贯彻新课标中倡导的探究性学习理念，结合从理论走向实践、从课本走向生活的教学方针，同时，根据维果茨基最近发展区理论和支架式教学法，从易到难因材施教，规范操作并为培养学生的探究能力打好基础，笔者采用蒙式教育中的自我纠错模式，学生通过比照标准样液结果自行发现错误并修正，既有助于了解问题、解决问题，同时也减少了外界压力，从而使学生自由自信地拓展学习空间。

本节课以常规实验操作和流程为核心，增添了一个模仿探究和独立探究。因此除了几种已标明的材料，供学生任选4种鉴定并做成标准样液，还新增了两种未标明的材料与之对照，有效整合了基本实验技能和创新探究的能力训练。

二、教学分析

本实验是人教版高中《生物1》第2章第1节的内容，也是继显微镜使用之后的第二次实验课。根据新课标要求和教材内容分析，结合本校学生的认知结构及其心理特征，笔者确定了以下教学重难点。

教学重点：检测生物组织中的糖类、脂肪和蛋白质的原理和方法。

教学难点：根据实验原理，设计并探究两种奶粉样液（以下简称"奶样"）的淀粉或蛋白质含量。

根据指导性教学策略，主要采用以下3种策略突破重难点。

①使用学案导学，简要标明实验原理和流程图，高效学习。②用多媒体辅助教学，如微课、PPT课件等对重要原理和流程多方位呈现，有利于学生直观认知，规范操作，及时纠错，并归纳总结知识。③采用合作探究学习法。本节课以学生为主体，利用小组合作，在教师给定的范围内，让学生寻求探究课题（发现问题），自己设计、完善实验方案（解决问题），并将最终的实验结果展示和分析（分享和交流），突破重难点，充分锻炼学生各方面的能力。

[①] 作者系韶关市第五中学庄世均。

三、教学目标

1. 知识目标

简述鉴定糖类、脂肪、蛋白质的方法及原理。

2. 能力目标

①模仿探究特定样液中有机物的种类，并对实验现象和结果进行分析。
②独立完成鉴定生物组织中的糖类、脂肪和蛋白质。
③尝试探究两种奶样是否含有淀粉或蛋白质，能用文字、表格等多种形式准确地描述实验的过程、结果和结论。

3. 情感态度与价值观目标

关注社会民生，认同探究活动的认真严谨和科学态度，体会合作交流。

四、教学准备

1. 微课先行

为确保每个学生能利用微课预习，教师采用多渠道播放形式，如网络在线播放、手机下载播放和课室统一播放等。微课一利用公共动画素材制作，内容是实验原理、规范操作、注意事项和试剂比较等；微课二由本班学生演示实验操作实录，内容注重优化实验流程，充分利用加热和染色时间穿插进行其他实验操作。

2. 学案准备

设计的学案有如下板块：目标原理；课本实验流程；试剂比较；实验一、二、三操作流程；巩固练习。教师在课前要求学生仔细阅读学案，填写相关基础内容。

3. 组长培训

在预实验中，教师有针对性地解决常见问题，培训组长在课堂中辅助指导实验过程。

五、教学过程

教学环节	教师活动	学生活动	设计意图
微课先行 夯实基础 （课前完成）	微课视频中说明本次实验的目标和原理，展示4种常见生物组织样液的检测标准流程和规范操作技能。 学生代表演示课本实验的优化流程及鉴定脂肪实验改进方法如何操作。 利用课间在学校电脑平台播放微课。为强化学习效果，住宿学生还可以利用晚自习时间播放，其他走读生可选择在线播放或下载到手机终端。观看后要求学生熟悉操作和流程，完成学案相应练习和设计方案	充分预习实验，明确实验原理，熟悉4种标准样液的鉴定流程，并根据学案确定本小组自主设计探究的子课题：①探究一号奶样与二号奶样是否含淀粉； ②探究一号奶样与二号奶样是否含蛋白质	培养学生深入预习、独立思考、自主学习的能力
完成学案 做出假设 （课前完成）	将全班学生分为4个实验组，其中两人为一个合作小组。1、2组负责子课题①，3、4组负责子课题②。 教师提供下列试剂和材料备选： 8种已标明材料：①梨汁；②豆浆；③花生；④马铃薯匀浆；⑤洋葱；⑥萝卜匀浆；⑦蛋清；⑧植物油。 两种未标明材料：奶样一（优质奶）、奶样二（劣质奶） 主要实验试剂：斐林试剂、双缩脲试剂、苏丹Ⅲ染液、碘液	各小组自主完成学案： 必做项目有任选四种材料和优质奶的鉴定。 选做自己感兴趣的探究子课题，有针对性地做出假设，注意设置对照组	学生提出了可能的假设，实验操作就有了探究的方向和动力

续上表

教学环节	教师活动	学生活动	设计意图
制订计划 设计实验 （课前完成）	指导各组针对自己探究的子课题制订详细的实验方案，包括实验原理、实验材料、实验步骤、结果预测、结论等。 按照分组情况，安排学生课前到实验室准备实验，指导小组长提前预实验	1. 课前以小组为单位制订详细的实验设计方案。 2. 根据教师的分组情况，负责同一个问题的小组交流实验方案，优化实验流程，改进完善步骤	通过设计实验，学生的思维更加缜密
课题探究 实施计划 （课中完成）	1. 情境设置导入后，教师演示实验洋葱是否含有还原糖；为缩短实验用时，提前将样品分发给学生，并提供热水用于加速水浴。在等待间隙，穿插简要讲解课本实验，特别介绍课本中鉴定脂肪方法的不足：第一种方法会因为样液和染液的本色而导致显色结果偏差；第二种切片方法操作复杂，难度大，成功率低。建议学生使用涂片法：刮取花生组织碎屑涂在玻片上→染色→漂洗→盖片→镜检，观察到脂肪滴现象更为明显，减少色差，降低操作难度，提高成功率，增强学生实验成功的信心。 2. 根据课本实验制作标准制作4种标准样液。展示预实验中4种标准样液的显色反应结果，便于学生自我纠错，及时重复实验，得出正确结论。 3. 指导各小组遵循实验原理和设计方案开展实验，巡回指导、纠正学生的实验操作，强调规范性；并及时发现学生探究活动中的闪光点	根据实验方案，各小组的程序基本分为3个部分： 1. 模仿教师演示，探究奶样一是否含有还原糖，与预实验标准样液结果做对比，证明奶样一含还原糖。 2. 实践四种标准样液实验操作过程，鉴定不同材料的主要成分，与教师展示的显色结果做对比。效果明显的小组及时表扬和反馈，将相应实验分析填写到黑板的总表上。 3. 各小组实施本组的探究子课题方案	通过模仿教师实验，可以规范操作，细化流程，避免学生因不熟练导致的失误，提高学生实验的积极性。 在前面的模仿实验和上节课显微镜实验中，学生已初步掌握试管使用和临时装片制作的操作技巧，有能力独立完成课本实验，进一步熟悉和巩固实验技能，为独立探究打下基础。 通过尝试探究，培养学生选择合适的实验方法并规范操作的能力；同时也使学生了解科学探究的过程，养成探究思维模式

续上表

教学环节	教师活动	学生活动	设计意图
小组讨论反思评价（课后完成）	教师指导学生对实验结果和结论进行反思： 1. 实验结果是否真实可信？ 2. 根据实验结果总结的结论是否严谨、科学？ 教师对各组实验结果进行评价	学生针对实验结果和结论展开讨论、反思。 1. 改变斐林试剂和双缩脲试剂用法和顺序对实验结果是否有影响？ 2. 显色反应的深浅和物质含量的关系是怎样的？ 3. 如何鉴定其他样液中主要有机物的类型？ 4. 对市面上脱脂奶粉的质量做一个简易质检报告。 5. 日常食物中主要有机物种类及含量差异	通过合作交流，锻炼学生思维的严密性、敢于质疑的科学精神和严谨的科学态度

六、反思总结

1. 学案的使用情况

通过布置预习、收批学案并二次备课，教师充分预设了探究活动中可能出现的问题并予以及时指导。90%的学生能很好地完成模仿和独立实验部分，60%的学生能完成并设计表格记录探究实验结果。设计的表格比较简单，不够完善，在今后的教学中会逐步深化、细化这部分内容。

2. 微课的效应

据课代表统计，仅1人因故未接触微课，覆盖面达98.2%，从操作上来看具有可行性。课堂操作与课后反馈中，78%的学生认为微课具有指导意义；巩固练习的正确率与平行班相比，提高了3%。其中手机下载的学习效果最好，在实验过程中随时可以调用视频来指导。今后在微课制作中，还可以进一步精简内容，增加实用性和趣味性，提高学生自学的积极性。

3. 学生的能力培养

模仿实验消除学生害怕实验操作错误的心态，展示预实验中标准样液的显色反应结果便于学生自我纠错，尝试探究令学生将规范操作与探究实验能力融会贯通、循序渐进。作为高中阶段的第一次尝试，该实验让学生对探究实验有了初步认识，有利于以后学习的拓展延伸。部分能力还未能达到的学生，可以在课后强化和巩固，以及在后续教学中潜移默化地提高科学素养和探究实验能力。

参考文献

[1] 广东省教育研究院. 创新教育理论 引领教育实践［M］. 广州：广东高等教育出版社，2015.

[2] 广东省教育厅教研室. 普通高中新课程学科教学指导［M］. 北京：高等教育出版社，2005.

[3] 杨计明. 广东省中学生物教学成果精品（2015）［M］. 广州：广东音像教材出版社，2015.

[4] 杨计明. 广东省中学生物教学成果精品（2016）［M］. 广州：广东音像教材出版社，2016.

[5] 杨计明.生物学教师专业发展与教学质量的相关性研究[J].生物学通报，2012（2）.

[6] 杨计明. "粤中生会"：提高中学生物教学质量的探索与实践［J］. 广东教育（综合），2016（5）.

[7] 杨计明. 广东省初中生物课程教材教学改革发展研究报告［M］//广东省教育研究院. 广东教育蓝皮书. 广州：广东高等教育出版社，2013.

[8] 杨计明. 广东省普通高中生物课程教材教学改革发展研究报告［M］//广东省教育研究院. 广东教育蓝皮书. 广州：广东高等教育出版社，2013.

[9] 杨计明. 广东省中学生物课堂教学改革研究报告［M］//广东省教育研究院. 广东教育蓝皮书. 广州：广东高等教育出版社，2014.

[10] 杨计明. 广东省中学生物新课程实施中优化课堂教学活动的研究与实践［M］//广东省教育研究院. 创新教育理论 引领教育实践. 广州：广东高等教育出版社，2015.

[11] 杨计明. 提高中学生物教学质量的"521广东实践模式"［J］.广东教育（综合），2017（5）.

[12] 张英杰，李传永. 关于"问题导学法"的探究与思考[J].高等教育研究，2003（4）.

[13] 杨立民. "生态系统的能量流动"一节的教学设计［J］. 生物学通报，2003（8）.

[14] 吴佳欣. 问题导学法在生物教学中的应用[J]. 民营科技，2007（11）.

[15] 陈剑波. 应用"问题导学法"培养自主学习能力［J］. 湖北广播电

视大学学报, 2007, 27 (1).

[16] 牛永芳. 高中课堂"问题导学法"实践初探 [J]. 基础教育, 2010 (4).

[17] 杨慧雯. 用问题做导火索, 引发探求科学知识原动力 [J]. 学周刊, 2012 (8).

[18] 中华人民共和国教育部. 普通高中生物课程标准 (实验) [S]. 北京: 人民教育出版社, 2003.

[19] 袁振国. 当代教育学 [M]. 北京: 教育科学出版社, 2004.

[20] 刘毓森, 张昕, 张富国. 生物学实验论 [M]. 南宁: 广西教育出版社, 2001.

[21] 华芳新. 高中生物教学中问题情境的创设 [D]. 桂林: 广西师范大学, 2008.

[22] 朱亦正. 新课程生物教学中问题情境的创设 [J]. 教学月刊 (中学版), 2007 (6).

[23] 朱沈芳. 高中生物探究性实验教学与学生问题意识培养的研究 [D]. 上海: 上海师范大学, 2012.

[24] 傅维利. 教育问题案例研究 [M]. 北京: 人民教育出版社, 2004.

[25] 江山野. 论教学过程和教学方式 [J]. 教育研究, 1983 (9).

[26] 余文森. 有效教学十讲 [M]. 上海: 华东师范大学出版社, 2009.

[27] 皮连生. 学与教的心理学 [M]. 上海: 华东师范大学出版社, 2011.

[28] 钟志贤. 建构主义学习理论与教学设计 [J]. 电化教育研究, 2006 (5).

[29] 艾兴. 建构主义课程研究 [D]. 重庆: 西南大学, 2007.

[30] 张忠华, 相阳. 对我国新时期教学方法研究的反思 [J]. 教育科学研究, 2008 (11).

[31] 李丽, 马忠. 提问式教学研究述评 [J]. 社科纵横, 2012 (7).

[32] 韩菁菁. 提问教学法的理论依据 [J]. 长江大学学报 (社会科学版), 2011, 34 (10).

[33] 陈琦, 刘儒德. 教育心理学 [M]. 北京: 高等教育出版社, 2005.

[34] 胡继飞, 郑晓蕙. 生物学教育心理学 [M]. 广州: 广东高等教育出版社, 2002.

[35] 中华人民共和国教育部. 义务教育生物学课程标准 (2011年版) [S]. 北京: 北京师范大学出版社, 2012.

[36] 教育部基础教育课程教材专家工作委员会. 义务教育生物学课程标准

（2011年版）解读［M］．北京：北京师范大学出版社，2012．

［37］刘恩山．中学生物学教学论［M］．北京：高等教育出版社，2003．

［38］杨计明．义务教育新课程生物教与学［M］．北京：北京师范大学出版社，2009．

［39］张行涛，周卫勇．新课程教学法（中学卷下册）［M］．北京：中国轻工业出版社，2004．

［40］中华人民共和国教育部．全日制义务教育生物课程标准（实验稿）［S］．北京：北京师范大学出版社，2001．

［41］杨计明．普通高中新课程生物教与学［M］．北京：北京师范大学出版社，2009．

［42］杨计明．创造性教学［M］．广州：广东高等教育出版社，2009．

［43］韩立福．"问题导学"：当代课堂教学深度改革的新方向［J］．江苏教育研究，2013（1）．

［44］胡小勇，张瑞芳，冯智慧．翻转课堂中的问题导学策略研究［J］．中国电化教育，2016（7）．

［45］陈惠芳．问题导学：开展"对话式教学"的应然之道［J］．上海教育科研，2013（8）．

［46］孔锴．当代教育新理念［M］．北京：北京出版社，2005．

［47］邓涛．新课程与教师素质发展［M］．北京：北京出版社，2005．

［48］杨秀治．教育学［M］．济南：山东大学出版社，2007．

［49］陶行知．陶行知文集［M］．南京：江苏教育出版社，2008．

［50］陈红兵．教育心理学［M］．南京：江苏教育出版社，2005．

［51］钟启泉．新课程的理念［M］．北京：高等教育出版社，2004．

［52］袁振国．教育新理念［M］．北京：教育科学出版社，2002．

［53］张汉光．生物学教学论［M］．南宁：广西教育出版社，2001．

［54］李方．现代教育科学研究方法［M］．广州：广东高等教育出版社，2000．

［55］蒋桂兰．课堂教学中开展研究性学习的教学策略［J］．中学生物学，2004（6）．

［56］陈善杰．新课标下转变学生学习方式的探索［J］．中学生物教学，2004，20（6）．

［57］钟启泉，崔允漷．新课程的理念与创新：师范生读本［M］．北京：高等教育出版社，2003．

［58］广东省教育厅教研室．普通高中新课程生物教学与评价指导［M］．广州：

广东教育出版社，2006.

［59］黄广慧."问题导学法"在高中生物教学中的实践与思考［J］.生物学教学，2008，33（1）.

［60］张连锋."任务引领、活动建构"学案设计探索与例析［J］.生物学教学，2008，33（4）.

［61］杨计明.《普通高中新课程生物课堂教学研究》总结报告［J］.中学生物教学，2008（11）.

［62］黄世虎.研讨式教学的基本理念与实践模式［J］.黑龙江教育学院学报，2010（1）.

［63］黄梅.高等教育研讨式教学现状述评［J］.广东教育（教研版），2008（3）.

［64］郭汉民.探索研讨式教学的若干思考［J］.湖南师范大学社会科学学报，1999（2）.

［65］刘满希，展红.给生物教师的101条建议［M］.南京：南京师范大学出版社，2005.

［66］李金国."问题导学"教学模式的有效设计［J］.地理教学，2011（3）.

［67］胡振凯.问题设计：现代教师的一项修炼［J］.新课程（综合版），2012（7）.

［68］苏霍姆林斯基.给教师的建议［M］.杜殿坤，译.北京：教育科学出版社，2005.

［69］巴班斯基.论教学过程最优化［M］.吴文侃，译.北京：教育科学出版社，2001.

［70］叶澜.重建课堂教学过程观［J］.教育研究，2002（10）.

［71］吕世虎，巩增泰.新课程学习方式的变革［M］.北京：中国人事出版社，2004.

［72］余德生.让课堂充满问题，让问题充满思考［J］.教育与教学研究，2007，21（8）.

［73］冯克诚.赫尔巴特教学思想与教育论著选读（上）［M］.北京：中国环境科学出版社，2005.

［74］马赫穆托夫.问题教学［M］.王义高，译.南昌：江西教育出版社，1994.

［75］杜威.民主主义与教育［M］.王承绪，译.北京：人民教育出版社，1990.

［76］杜威.学校与社会·明日之学校［M］.赵祥麟，任钟英，吴志宏，译.北京：人民教育出版社，1994.

［77］李曙光．乔姆斯基语言心理学的问题意识与方法论意义［J］．南京师大学报（社会科学版），2011（6）．

［78］DELISLE．问题导向学习在课堂教学中的运用［M］．方彤，译．北京：中国轻工业出版社，2004．

［79］樊汉彬．问题导学教学模式初探［J］．历史教学问题，1999（3）．

［80］方富熹，方格．儿童发展心理学［M］．北京：人民教育出版社，2005．

［81］当代国外著名教育家教学论思想编写组．当代国外著名教育家教学论思想［M］．济南：山东教育出版社，1985．

［82］张培林，王学彦，刘奇，等．自然辩证法简明教程［M］．北京：科学出版社，1998．

［83］汪志．生物课堂教学中问题呈现方式对学习效果的影响［D］．北京：首都师范大学，2007．

［84］余起航．论高中生物教学的问题导学［D］．长沙：湖南师范大学，2008．

［85］赵占良．怎样引导学生发现问题和提出问题：人民教育出版社课程教材研究开发中心主任赵占良研究员答人教网生物栏目记者问［J］．中学生物教学，2003（4）．

［86］温戈．"问题导学法"在生物课教学中的实践与思考［J］．现代教育教学探索，2009（2）．

［87］毕晓白，张志文．生物课堂教学与学生提出问题能力的培养［J］．课程·教材·教法，2005（6）．

［88］李景林．问题导学教学模式在高中生物教学中的应用［J］．当代教育论坛，2007（14）．

［89］何惠文．创新课堂教学模式，打造优质高效课堂［J］．中学生物学，2010，26（8）．

［90］杨秀梅．重主体 设问题 提效率：基于学生主体的问题设计例谈［J］．中学生物学，2012，28（2）．

［91］曹广忠．生物学教学中教师"导学"作用初探［J］．中学生物教学，2012（1）．

［92］中华人民共和国教育部．普通高中生物学课程标准（2017年版）［S］．北京：人民教育出版社，2018．

附 录

1. 研究课题的立项通知

广东省教育厅

立项通知

杨计明同志:

经评审,你申报的课题被批准为广东省中小学教学研究"十二五"规划课题。

接此通知后,在二个月内将课题实施方案经所在地级市教学研究管理部门审核后报我厅教研室科研与课程科。联系地址:广州市广卫路 14 号广东省教育厅教研室 311 室;邮编:510035;联系人及电话:黄志红,020-83344192。

课题名称:生物学"问题导学法"教学研究
课题类别:一般课题
课题批准编号:J11-200
成果形式:论文、研究报告、教学资源
完成时间:2015 年 12 月 31 日

二〇一一年五月三十日

2. 研究课题的结题证书

广 东 省 教 育 厅

广东省中小学教学研究
"十二五"规划课题结题证书

课题类别：一般课题
课题名称：生物学"问题导学法"教学研究（J11-200）
课题负责人：杨计明
参加人员：颜培辉、詹荣华、沈红英、梁志荣、李程祯、
　　　　　刘　桦、盛保营、林本红、何惠文、张　勇
单　　位：广东省教育研究院

经审核，准予结题，特发此证。

广东省中小学教学研究
"十二五"规划课题评审委员会
2017年8月17日